Apresenta

Rogerinho
SPRINTER AZUL E VERMELHA

CULTURA

Renan
TOWNER AZUL-BEBÊ

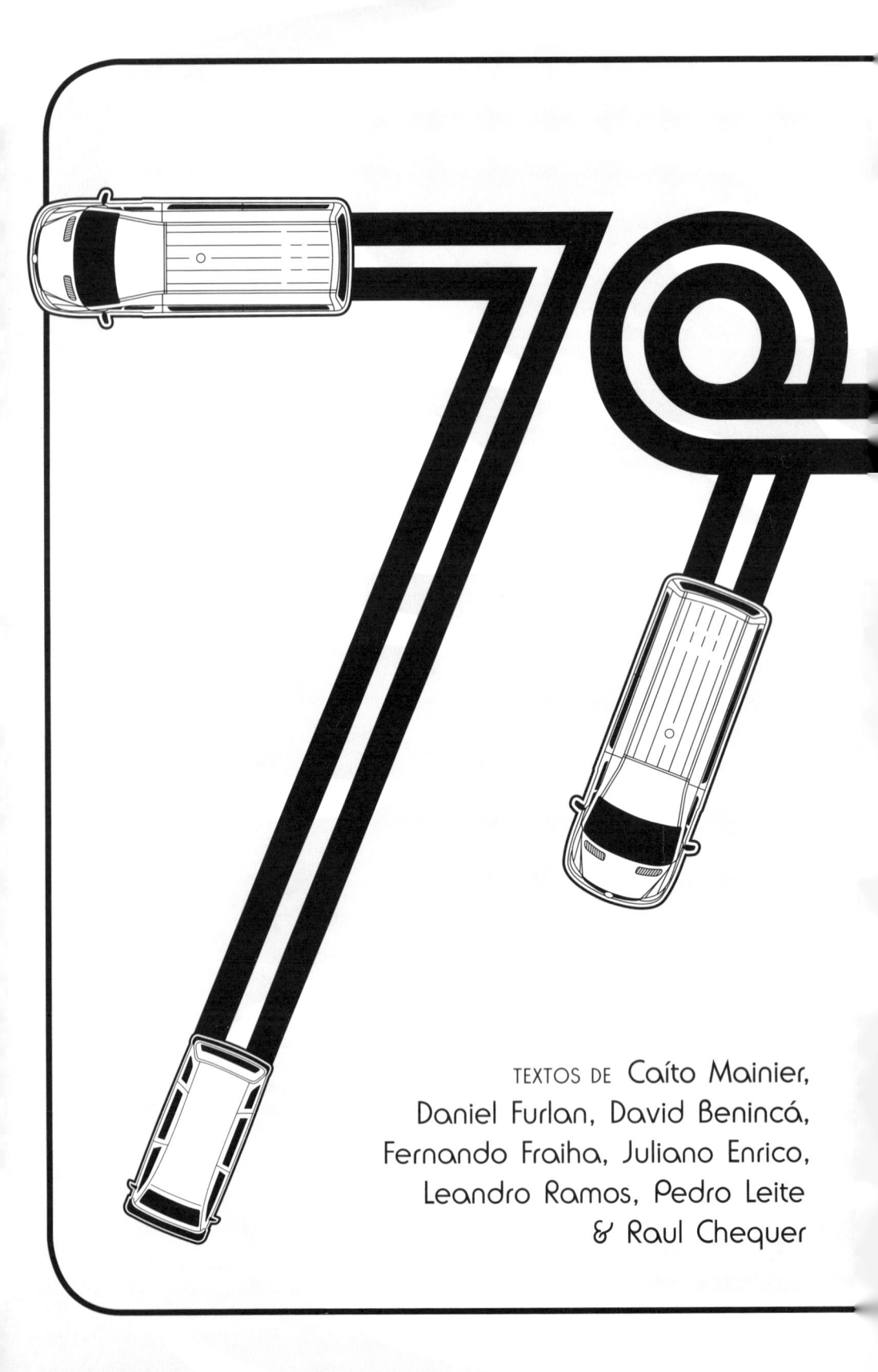

TEXTOS DE Caíto Mainier,
Daniel Furlan, David Benincá,
Fernando Fraiha, Juliano Enrico,
Leandro Ramos, Pedro Leite
& Raul Chequer

— **Galera** —

RIO DE JANEIRO

2018

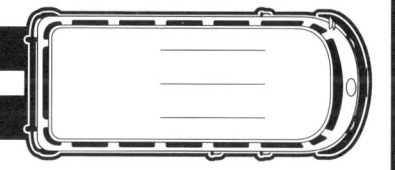

FILMES

PRA ASSISTIR

ENQUANTO
DIRIGE

1ª Edição

CIP-BRASIL. CATALOGAÇÃO NA PUBLICAÇÃO
SINDICATO NACIONAL DOS EDITORES DE LIVROS, RJ

C476

Choque de cultura: 79 filmes para ver enquanto dirige /
Caíto Mainier, Daniel Furlan, David Benincá, Fernando Fraiha,
Juliano Enrico, Leandro Ramos, Pedro Leite e Raul Chequer. —
1. ed. — Rio de Janeiro: Galera, 2018.
: il.

ISBN 978-85-01-11593-5

1. Humorismo brasileiro. I. Mainier, Caíto. II. Furlan, Daniel.
III. Benincá, David. IV. Fraiha, Fernando. V. Enrico, Juliano.
VI. Ramos, Leandro. VII. Leite, Pedro. VIII. Chequer, Raul. IX. Título.

18-52113   CDD: 869.7
                                                          CDU: 82-7(81)

Vanessa Mafra Xavier Salgado — Bibliotecária — CRB-7/6644

Copyright © TV Quase, 2018

Textos: CAÍTO MAINIER, DANIEL FURLAN,
DAVID BENINCÁ, FERNANDO FRAIHA, JULIANO ENRICO,
LEANDRO RAMOS, PEDRO LEITE e RAUL CHEQUER

Capa e projeto gráfico: ANGELO BOTTINO e FERNANDA MELLO

Ilustrações: FÁBIO MOZINE

Fotos: JORGE MAIA (capa) e RENATO PARADA (orelha e miolo)

Texto revisado pelo novo Acordo Ortográfico da Língua Portuguesa.

Direitos exclusivos desta edição reservados pela
EDITORA RECORD LTDA.
Rua Argentina, 171 · Rio de Janeiro, RJ · 20921-380 · Tel.: 2585-2000

Impresso no Brasil

ISBN 978-85-01-11593-5

Seja um leitor preferencial Record.
Cadastre-se e receba informações sobre nossos
lançamentos e nossas promoções.

Atendimento e venda direta ao leitor:
mdireto@record.com.br ou (21) 2585-2002

EDITORA AFILIADA

Este livro é de ficção, dodói.

Qualquer semelhança com a vida real é coincidência
ou coisa da sua cabecinha.

Não tente fazer nada deste livro em casa,
somos pilotos profissionais
e sabemos da nossa seriedade e competência.

Se alguma coisa nessa obra te soou estranha, acontece.

SUMÁRIO

Apresentação

— *por* —

Rogerinho do Ingá

Quando me falaram que eu tinha que fazer um texto pra apresentar o livro, fiquei preocupado, achando que seria lançado sem capa. Mas parece que vai ser lançado com capa e com título – confere aí –, então não entendi pra quê esse texto de apresentação se o título do livro já explica tudo: 79 filmes pra assistir enquanto dirige.

Era pra ser 80 filmes, mas o Julinho não entregou a crítica de *Se eu fosse você 2* e, obviamente, como punição, fomos obrigados a furar os quatro pneus dele. Viu, Julinho? Fomos nós, e acho que o certo seria você ir pedir desculpa pro Renato! E como nenhum piloto conseguiu fazer a crítica da franquia Transformers devido à forte emoção do tema, este livro também não tem essa crítica.

Os 79 filmes que estão aqui são pra assistir enquanto dirige porque foi exatamente assim que a gente viu esses filmes: dirigindo. Inclusive, escrevemos o livro dirigindo também. Algumas partes foram escritas até no meio de um acidente ou capotamento, porque aqui tem compromisso. Não é um sangramento que vai impedir o Choque de Cultura de trazer a informação. E depois da invenção do WhatsApp, o trânsito não é mais desculpa pra nada.

O livro foi, obviamente, uma ideia do Maurílio, então, se você achar tudo uma bosta, pode meter a porrada nele direto, que é o que vamos fazer. É só me ligar que eu passo o endereço dele e o dia. Ele também pediu uma breve história de cada um de nós, só pra poder enfiar a dele no meio, já que ninguém se interessa pela história dele. E, no final do livro, ainda botou um tal de glossário, que até agora não entendi pra quê serve. Se você quiser rasgar e jogar fora, pode rasgar. Até porque o recado final do livro, sendo do nosso piloto Renan, dá um encerramento legal.

Ia ter um CD com as músicas do Julinho e do Maurílio, mas eu descobri e cheguei a tempo de tacar fogo em tudo. Aliás, aproveito aqui o espaço pra pedir uma desculpa pro rapaz da portaria lá da fábrica, que ficou com o braço um pouco chamuscado. E agradecer também ao comandante Garcia do Batalhão de Bombeiros de Niterói, que deu aquela moral pra gente quando o fogo saiu do controle. Mas o que importa é que este livro tem muita informação, muita denúncia, muita crítica, além da nossa tradicional preocupação com o meio ambiente, com a poluição do solo e com a sinalização de trânsito.

Quero fazer um agradecimento especial ao Renanzinho, que havia engolido o pen-drive do livro, mas, de alguma forma, conseguiu devolver a tempo! Isso mostra o senso de responsabilidade desse garoto que, com certeza, é de ouro por dentro, ou de algum outro metal. E agradecer também a todos os pilotos do Choque de Cultura – Maurílio, Julinho e Renan –, sempre muito competentes no que diz respeito à cultura, à informação e, no caso, ao cinema!

E um agradecimento especial também à Simone dos Prazeres, que é quem solta as vinhetas do nosso programa.

E acabou a apresentação do livro!

ROGERINHO do Ingá

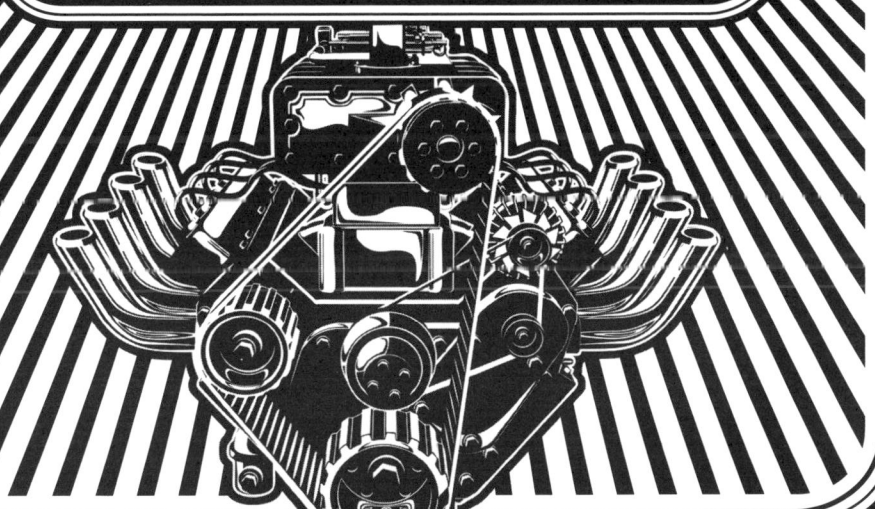

Um amor chamado Sprinter

*

EU SOU Rogerinho do Ingá, porque nasci com o mesmo nome do meu pai Rogério e cresci no bairro do Ingá. Simples assim. E eu fui criado pelo meu avô, que criou também meu primo Cerginho, que é uns cinco anos mais velho que eu, mas é meio bobo da cabeça. Depois que minha mãe morreu, meu pai fugiu. E acabou essa história de família, porque eu não me lembro de quase nada e fico com raiva quando fico triste. Por isso vou falar como que eu comecei a dirigir veículos motorizados, que é o que me dá alegria na vida.

Eu comecei aos 12 anos, manobrando o carro de um médico vereador que morava na minha rua, e chegava todo dia dirigindo embriagado. Como ele era muito sério e muito responsável, toda vez que chegava dirigindo completamente bêbado, ele se recusava a guardar o carro na garagem pra não correr o risco de arranhar o veículo. Perfeito, já mostrando a importância do cuidado que temos que ter com a saúde do nosso carro.

E eu fiquei com essa missão de estacionar o carro do vereador por três motivos: um, porque eu tava ali de bobeira; dois, porque eu queria dirigir; e três, porque, quando você acorda no dia seguinte e seu carro está certinho na vaga, você não quer saber como aquilo aconteceu. E, durante uns dois anos, ele não ficou sabendo de nada. Assim que ele parava na porta do prédio, e não conseguia apertar o controle remoto da garagem, eu já abria a porta do carro dele, tirava ele lá de dentro, levava ele pra portaria e assumia o controle do veículo.

O problema é que eu passei esses dois anos só dirigindo de ré, manobrando o carro do vereador, e eu não sabia andar pra frente, que era meu sonho, sem precisar me preocupar com pilastra ou espelho retrovisor. Quando eu descobri que a mãe do Gelatina, um moleque mais novo lá da rua, viajava todo fim de semana e deixava um Escort zero de bobeira na garagem e com a chave dentro, eu vi um sinal, vi um sinal verde pra minha aprendizagem!

Cerquei o moleque na volta do colégio e torci o braço dele até ele ficar convencido de pegar o carro da mãe quando ela estivesse viajando. Em troca, eu ia levar ele no Simba Safári. Meu plano era até deixar ele lá, se ele continuasse chorando. Mas não deu tempo.

Na primeira oportunidade que a mãe dele viajou e a gente pegou o carro, demos de cara com ela subindo a rua a pé! Claramente a gente que viajou, achando que a mãe dele tinha viajado. O Gelatina começou a gritar: "Minha mãe! Minha mãe não viajou! Ali ela ali!! Ela vai ver a gente!! Se abaixa!! Se abaixa!" Eu me abaixei, perdi o controle do carro, subi na calçada e atropelei a mãe dele. Foi meu primeiro atropelamento.

Fiquei me sentindo culpado depois do acidente, porque a mãe do Gelatina ficou seis meses sem andar, e por isso não viajava mais!! Pô, com vários lugares por aí com a vista fabulosa que você só precisa ficar olhando pra curtir, e a coroa ficava em casa parada, vendo TV e tomando remédio. Era uma egoísta! E ainda parou de deixar a chave no carro.

Mas uns três meses depois, o Maicosuel, um maluco que vendia fita pirata numa banca lá do Centro, me disse que tinha visto um filme em que o cara fazia uma cópia de uma estátua usando molde de sabonete. Tive a ideia: chamei meu primo Cerginho, que era bom em sabonete, e fomos pra casa do Gelatina.

Tocamos o interfone, ameacei torcer o braço dele de novo, e ele deixou a gente subir pro apartamento. Enquanto ele distraía a mãe, eu assaltava a geladeira e o Cerginho pegava a chave do carro e encravava no sabonete – isso é trabalho em equipe, cooperação! Levei o molde pro chaveiro da minha rua, um senhorzinho muito idoso e muito experiente, que se recusou a fazer a chave. Torci o braço dele – é mais fácil torcer braço de idoso do que de criança –, e ele mudou de ideia na hora. Ele fez a chave pra mim, e eu paguei uma garrafa d'água pelo serviço do Cerginho, que chorou – é muito idiota.

Como a mãe do Gelatina ainda estava de cama, não tinha risco de topar com ela na calçada e atropelar ela de novo. Caminho livre então pra dirigir pra frente! Eu e o Gelatina tiramos o carro da garagem – era o momento mais feliz da minha vida. Mas nem deu tempo de arriscar um cavalo de pau ou tirar um fino de um ciclista – já tinha ciclista naquela época –, porque descemos a ladeira em alta velocidade e demos de cara com uma blitz.

O carro estava muito rápido, e eu acabei me atrapalhando com o volante – muito tempo andando de ré – e, em vez de desviar, acabei jogando o carro pra cima da polícia. Atropelei vários policiais, que pularam pro lado igual em filme. Foi meu segundo atropelamento, o primeiro de autoridades. O comandante da polícia veio caminhando calmamente e explicou que só não metralhou a gente porque viu que a gente era criança. Mas ele só ia liberar o carro mediante um adulto responsável habilitado e sóbrio.

Adulto responsável habilitado eu só conhecia o vereador doutor, mas ele nunca estava sóbrio. Até que eu lembrei do Rock Dennis. Rock Dennis já devia ter uns 19 anos e sempre quis andar com a galera do Ingá, mas ninguém queria andar com ele, porque ele era muito chato. Até que um dia ele falou que só tinha seis meses de vida, aí a gente deixou, porque a gente sabia que seis meses passavam rápido. Mas quando deu uns sete, oito meses e o moleque não morreu, a gente espancou ele e expulsou de vez.

Só que, naquele momento, o Rock Dennis era minha única opção de adulto habilitado, não sabia se ele era responsável. Bati na casa dele, expliquei a situação, enquanto torcia o braço dele, e ele aceitou. O plano era o seguinte: Rock Dennis ia pegar o carro do pai, uma Topic vermelha, e ia dirigindo comigo e com o Gelatina até a blitz. Lá ele ia falar com o policial, pegar o carro da mãe do Gelatina e levar embora. A gente ia parar logo no comecinho da blitz, pra eu poder sair de fininho e trazer a Topic do pai dele depois.

Chegamos no comandante e apresentamos o Rock Dennis como nosso responsável habilitado e sóbrio. Depois de tomar um tapa na cara e um esporro, o Rock foi autorizado a sair com o carro da mãe do Gelatina. O comandante perguntou como eu ia voltar pra casa, e eu disfarcei saindo correndo. Entrei na Topic do pai do Rock, meti a ré de fininho por trás da blitz e fui de ré até a casa do Rock Dennis, porque ainda tinha pouca experiência em andar pra frente.

Quando cheguei lá, o Gelatina já estava me esperando com o Rock Dennis, que perguntou: "Cadê o carro do meu pai?!" Olhei pra trás e ... EU TINHA TRAZIDO O CARRO ERRADO!! Em vez de entrar na Topic do pai dele, eu trouxe a van de outra pessoa.

Meia hora discutindo como a gente ia resolver aquilo, quem vai, quem não vai, culpa de um, culpa de outro, tu é muito burro, não tinha ninguém no carro, como eu ia saber?! Até que decidi: eu ia me desfazer da van, jogar ela no mar ali, sei lá, porque devolver podia dar cadeia. E o Rock Dennis ia pegar o carro do pai dele que tinha ficado lá. E ele ia de ônibus e sozinho, porque lembrei da vez que ele mentiu dizendo que ia morrer e não morreu. Dica: nunca diga que vai morrer e não morra.

O Rock falou depois que foi até fácil sair com a Topic do pai dele da blitz porque estava o maior tumulto lá. Tinha um senhor gritando: "Roubaram minha van no meio de uma blitz da polícia militar!!! Isso é inacreditável!!! Isso é Brasil!!!" E todos os policiais estavam doidos, falando no rádio, ligando sirene, correndo de um lado pro outro, a maior confusão.

E eu não tive coragem de me desfazer daquela van. Era uma Sprinter importada, novinha, foi paixão à primeira vista. Troquei a placa, pintei de azul e vermelho e comecei a trabalhar, porque, apesar de não ser adulto, eu já era muito responsável. Tanto que estou aqui até hoje, prestando o melhor serviço pros meus passageiros e pra mim mesmo. Sempre com a minha querida Sprinter. E, até hoje, quando preciso fazer um trajeto perigoso, com alto nível de precisão e técnica, eu vou de ré.

MAURÍLIO dos Anjos

Uma peça fundamental dessa kombi chamada cinema brasileiro

MINHA VIDA poderia ser um filme de Francis Ford Coppola, mas não é. Cresci num ambiente artístico; meu pai era ator, mas não pôde me ensinar a arte de atuar porque foi preso por falsidade ideológica quando eu tinha apenas 2 anos. Porém tive a sorte de ter em minha vida minha mãe, que também cumpriu o papel de pai, não me dando muita atenção.

Tive uma formação cinematográfica clássica. Foi na novela *Vamp* que aprendi que o sobrenatural é um ótimo pretexto pra se contar uma história fraca e entendi como uma maquiagem ruim pode ajudar na comédia. Em *Renascer*, aprendi sobre a determinação de um personagem e que associar um nome comum ao de um animal, como, por exemplo, Gerson Jiboia ou Tião Galinha, era algo que conquistava a atenção do público, e que, com certeza, serviria para apelidar um colega de classe ou de trabalho assim. Um pacto com o diabo também era muito divertido. Em *Pantanal*, conheci o amor, e foi assim que me amei pela primeira vez.

E, com essas influências, comecei a trabalhar no meu primeiro roteiro, aos 8 anos, durante os recreios. Era sobre um super-

-herói que tinha o superpoder de se camuflar pra não apanhar no recreio. Infelizmente, eu não tinha esse poder. Acabei apanhando no recreio, e rasgaram meu roteiro.

Quando eu tinha apenas 14 anos, Seu Antônio, que era meu vizinho e trabalhava no transporte de *Éramos seis*, auge da teledramaturgia do SBT, me levou pra escola. Ele era muito atencioso comigo e sempre me dava carona em troca das roupas íntimas da minha tia. Nesse dia, as conversas estavam mais profundas que o habitual e, num discurso filosófico sobre a vida e sobre remédios contra a impotência, ele revelou que, quando morresse, gostaria de ser jogado no mar.

Quinze minutos depois, ele acabou sofrendo um infarto e faleceu ali mesmo em sua kombi. Atento ao que ele havia dito, eu sabia o que fazer e dirigi duzentos quilômetros até a praia mais próxima, onde atirei o corpo dele de uma pirambeira. Infelizmente, ele caiu na beiradinha, mas fui embora com a sensação de dever cumprido, pois a maré logo ia subir, realizando o último desejo de Seu Antônio. Quando eu estava dirigindo de volta, o celular dele tocou. Era um produtor do SBT que o xingava muito e estava cobrando que ele pegasse os atores em casa. Estava tudo atrasado na novela.

Não fugi do meu dever e busquei um por um. Nenhum ator notou a diferença porque, normalmente, os atores não têm o hábito de olhar para pessoas que não sejam elas mesmas. Eles são muito profissionais e passam o tempo todo concentrados no texto que irão gravar, mesmo quando só vão fazer figuração. E esse foi meu primeiro trabalho profissional no audiovisual, carreira que eu só retomaria nove anos depois, porque, quando contei a história toda pra minha avó, ela carinhosamente me aconselhou a não falar nada pra ninguém e esconder a kombi na garagem, enquanto me dava uma surra.

Eu gostava de brincar dentro da kombi do Seu Antônio escondida na minha garagem. Fingia que acordava cedo, ia até a casa dos atores, dava bom dia pra eles, e eles não me respondiam. Enfim, sempre relembrava com prazer o dia mais feliz da minha vida. Mas os anos foram passando, e meu sonho de trabalhar com cinema não saía da minha cabeça.

Certa noite, sonhei que estava sendo entrevistado no programa *Roda viva* pra falar sobre meu trabalho cinematográfico. Eu dizia "muitas vezes o arcabouço teórico se transforma em calabouço estético", e depois minha cabeça explodia, sujando o terno dos idosos da bancada. Isso mexeu muito comigo e, por esse motivo, aos 23 anos, resolvi abandonar o terceiro ano de enfermagem e minha avó doente pra ir em busca do meu sonho de trabalhar com cinema.

O primeiro longa do qual participei foi *Didi quer ser criança*. Foi um momento importantíssimo da minha carreira. Nesse trabalho aprendi sobre a linha de produção e que devo chamar o Didi de Dr. Renato, senão ele bate no Dedé e fala que foi você. O filme foi indicado ao Grande Prêmio Brasileiro de Cinema na categoria maquiagem, mas não ganhou. Uma grande injustiça! Não é nada fácil maquiar o Renato Aragão até que ele vire uma criança, muito menos transformar uma criança em Renato Aragão.

A partir daí, fui peça fundamental em grandes obras do audiovisual brasileiro, fiz grandes amigos – um abraço especial pro Tony (Ramos), nós trabalhamos juntos há muito tempo, e ele sempre me tratou como um filho não reconhecido. Então, se você está pensando em fazer seu curta-metragem, me dê uma ligada.

Ah! Já ia me esquecendo dos diversos empreendimentos artísticos que encabecei. Um dos que mais me orgulho é ter criado o nome "Choque de Cultura", mas, por humildade, nunca mais falei sobre isso com o Rogerinho depois que ele me deu um soco na boca. É muito difícil ser vanguarda da crítica cinematográfica no Brasil. Mas alguém precisa assumir essa responsabilidade.

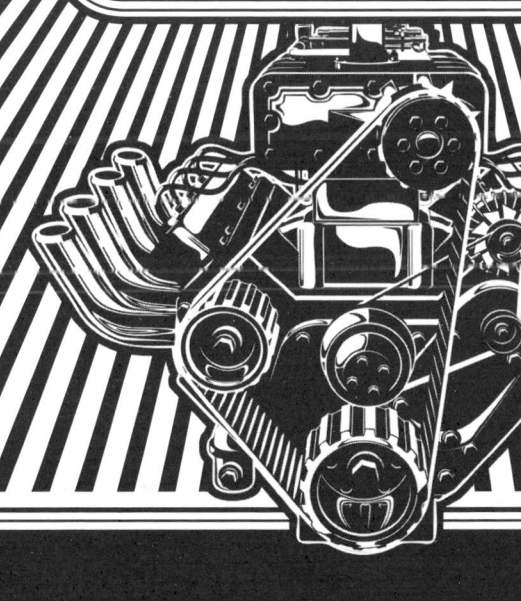

JULINHO da Van

Meu nome é Júlio César Júnior

✳ ✳

CRESCI EM JACAREPAGUÁ. Meus pais eram sacoleiros, viajavam todo mês pro Paraguai de ônibus, por isso eu ficava muito na casa da minha avó com meus primos e com meu irmão, o Brenner. A casa da minha avó, que já era aposentada e por isso estava sempre de bobeira, funcionava como creche da família. E foi lá que eu me desenvolvi como o ser humano que sou hoje, tanto na questão pedagógica quanto na aeróbica.

Dona Laury, minha avó, é muito maneira, fala muito palavrão, e eu sempre tive um carinho muito grande por palavrão. Desde que eu era bem novinho, ela deixava a gente ajudar a apostar no jogo do bicho e, sempre que a gente acordava, tinha que contar o sonho pra vovó jogar. Não sei se ela ganhava. Pelo menos nunca repartiu o dinheiro com a gente.

Como ela se chamava Laury, as pessoas que não conheciam a minha avó muitas vezes confundiam o nome dela com nome de homem. O fato dela parecer um pouco com um homem também ajudava. Grande costureira, é ela quem conserta minhas roupas até hoje. Minha primeira regata customizada foi ela que fez, quando eu tinha 6 anos. Era uma regata do Skid Row muito foda. Aos 10 anos, meus pais se separaram, e eu, meu irmão e minha mãe fomos morar com minha avó em definitivo. Mamãe é muito guerreira: cria eu e Brenner sozinha até hoje.

Mamãe continuou trabalhando como sacoleira. Viajava muito e voltava com as malas sempre cheias de produtos falsificados da mais alta qualidade. O forte dela era o Natal. Lembro até hoje do Papai Noel que ela trazia todo ano pra vender. Era um Papai Noelzinho eletrônico que andava, tocava um sininho, falava "Hô! Hô! Hô!" em chinês e soltava faísca pela boca. Quando eu era pequeno, tinha medo de Papai Noel por causa disso. Pra evitar qualquer trauma, minha mãe me contou que Papai Noel não existe, e ficou tudo bem. Hoje só tenho medo de pedra.

Aos 12 anos eu já tinha bigode. Aos 14, tirei carteira de motorista com uma cópia de uma identidade falsificada, porém autenticada, que o Paulão Federal, pai do meu melhor amigo Rodriguinho, desenrolou pra mim.

Comecei a trabalhar sério aos 16 como médico propagandista, e aquilo foi minha escola profissional. Tanto no que diz respeito ao Julinho profissional de vendas, quanto ao Julinho piloto. Se você fosse bom piloto, conseguisse visitar mais consultórios por dia pra deixar amostra grátis, e fosse bom de mandar uma letra no médico falando das vantagens do medicamento, você conseguia zerar suas amostras e pegar mais. Isso dava moral com a gerência. Infelizmente, mesmo sendo bom propagandista, tive que mudar de ramo quando a sede do laboratório que eu representava foi fechada por agentes do centro de controle de zoonoses da prefeitura. Até hoje não entendo por quê. Era um dos quintais mais limpos que eu já vi na vida.

Eu já estava no segundo período da faculdade particular de educação física, mas sentia que, se tivesse um veículo, poderia diversificar minhas vendas e fazer mais dinheiro. Então tive que optar entre adquirir um utilitário ou terminar a faculdade. Tranquei a facul e comprei uma Topic. Foi a melhor coisa que eu fiz da minha vida.

Com a Topic, decolei e comecei a fazer frete, muito transfer e descolei um esquema pra ser representante da Rommanel, uma empresa de chapeados com preço imbatível e qualidade às vezes satisfatória. Ali eu fiz a festa.

Eu ia de Vila Valqueire até Pedra de Guaratiba parando em todas as lojinhas, papelarias grandes, feiras de artesanato e centros comerciais, só exibindo o mostruário e anotando quem pegou o que, o endereço, telefone e o nome da mãe da pessoa. O nome da mãe era o que dava a segurança pro cara confiar em mim e eu confiar nele. Todo mundo ficava mais tranquilo.

Aos poucos fui prosperando e só melhorando de veículo. Casei quatro vezes e meia, mas me dei bem porque não tive filhos. Hoje minha mãe me ajuda com os suplementos (naturais), e vovó Laury tá ótima. Depois do transplante das cabeças de fêmur, ficou zero bala. Ela só faz um barulhinho de metal quando anda, mas é muito discreto. É um "nhéc, nhéc, nhéc", tipo dobradiça de rede de casa de praia. E ela não é de andar muito, então tudo bem.

Há quatro anos comecei a me sentir um pouco sufocado com aquela rotina na casa da vovó e achei que precisava de um cantinho só meu – todo mundo quer independência. Então construí uma suíte pra mim no quintal, de frente pra piscina. Em relação à lavanderia, à sala, ao home theater e às refeições, eu ainda conto com a parte da minha avó pra facilitar, até porque minha mãe adora cozinhar. De vez em quando eu dou uma moral, deixo minha mãe passando minha roupa tranquila e levo a vovó e as amigas pra dar um passeio. E a vantagem do rangido do joelho é que agora raramente eu perco minha avó. Só aconteceu uma vez no jardim zoológico.

Teve uma época que eu levava minha avó direto a enterros, mas ultimamente tem cada vez menos enterros pra ela ir. Hoje em dia costumo deixá-la no bingo, na rifa da igreja ou no clube de leitura, onde ela deve estar agora lendo as páginas deste livro com as amigas. Beijo, vovó.

O dia em que tirei minha carteira de motorista

EU ME LEMBRO como se fosse ontem o dia que tirei minha carteira de motorista. Até porque realmente foi ontem, apesar de eu ter a sorte de dirigir profissionalmente desde os 8 anos. Entretanto, a indústria do documento é tão descarada no nosso país que, sem carteira de motorista, um pai de família não pode ganhar seu sustento.

O absurdo já começou na prova escrita, primeiro, pelo simples fato de haver uma prova escrita. Não há situação no trânsito em que a melhor opção seja fazer uma redação. Você tem que agir rápido e com as mãos no volante, quase sempre. Por exemplo, quando alguma coisa pega fogo do nada – o que acontece frequentemente com algumas vans e crianças – não dá tempo de ficar procurando extintor, muito menos de escrever um texto argumentativo de trinta linhas (inclusive eu guardo o meu extintor em casa pro caso do meu filho pegar fogo de novo). O certo é você acelerar o máximo possível e se jogar com o veículo em chamas dentro de um rio. E, quando a polícia vier te multar por estacionar debaixo d'água (aí eles resolvem trabalhar), é bom estar preparado. Eu aconselho todo motorista a sempre carregar contrabando ou um cadáver no porta-malas, pra justamente distrair os policiais dos problemas mecânicos e de documentação que um automóvel com rodagem sempre traz. No caso de blitz, então, essa tática funciona muito bem. Eles esquecem o bafômetro na hora.

Outro absurdo: a prova é de múltipla escolha, me forçando muitas vezes a acrescentar à mão a opção correta, como no caso do que fazer quando o pedestre atravessa fora da faixa, por exemplo. É evidente que o correto é o motorista buzinar repetidamente enquanto avança em velocidade, por estar no DIREITO de atropelar o pedestre – apesar de não ter essa obrigação educativa. Mas não havia essa opção, então tive que acrescentar. Certamente, se mais pessoas fossem atropeladas, mais correto e cuidadoso seria o comportamento do pedestre no trânsito.

Por outro lado, nós motoristas não podemos nos omitir do nosso papel para um trânsito melhor. A buzina é uma arma educativa que deve ser mais usada, indicando, entre muitas outras utilidades, que o veículo à frente tem que andar. Porque às vezes eles não sabem disso. A buzina é a grande solução pros engarrafamentos nas grandes cidades, mas infelizmente não há vontade política e o motorista não é incentivado a buzinar – nem na frente de hospitais, onde é importantíssimo que o trânsito flua melhor! Lamentável.

Depois de brilhar na prova escrita, nem esperei o resultado e já fui entrando num veículo com instrutor pra fazer a prova prática. Fui acelerando e entrei numa via movimentada logo de cara, e, quando o instrutor me avisou que eu estava na contramão, olhei fundo nos olhos dele e disse muito calmamente:

"Eu sei."

E ele me aprovou na hora, tamanha minha serenidade! Mas puxou o freio de mão, e a gente acabou colidindo com um ônibus escolar, fazendo com que ele, infelizmente, ficasse incapacitado de me aprovar. Acabei tendo que refazer o teste na semana seguinte, quando fui aprovado com louvor depois de fazer baliza capotando numa ladeira.

Apesar de ser um grande crítico de qualquer tipo de documentação, comemorei muito a conquista da minha CNH, porque sabia da importância dela pra minha carreira. Uma alegria comparável à de ser pai, um sentimento que, num primeiro momento, quando recebi a notícia, confesso que foi apenas de ódio e desespero. Mas quando peguei Renanzinho no colo pela primeira vez, depois de quatro anos foragido, eu soube que minha missão no mundo era cuidar bem dele. E depois eu o derrubei no chão, mas nada poderia atrapalhar aquela alegria. A alegria de ser pai é imensa, quase absoluta. Acredito que só não seja maior do que a alegria de não ser pai, aí realmente seria um alívio muito maior. Mas infelizmente não deu.

É isso. Espero que gostem do livro.

ASINADO :

Renanjinho

1.

Matrix

O cara ouve música, usa droga e voa

por **Rogerinho do Ingá**

Esse filme do *Matrix* quem me falou pra assistir foi o Maurílio e ele disse que era um filme sobre um jovem que passou a vida triste num trabalho merda – até aí todo mundo – e depois melhorou, quando começou a acreditar em si mesmo. Quer dizer, mentira. Que jovem não trabalha, não melhora, não acredita em si mesmo e muito menos é feliz. Quem trabalha feliz é velho e por pouco tempo.

Enfim, fui arrumar o DVD com o Julinho pra ver esse filme, e o Julinho disse que não era nada disso que o Maurílio tinha falado. Julinho disse que era "uma história de guerra entre os computadores e os seres humanos, com muito tiro, muito soco e ainda tinha uma participação da Mulher-Gato do Batman no meio". Os dois erraram.

O filme *Matrix* começa com um pessoalzinho chamando o jovem Neo pra curtir uma música e, como ambiente de música é ambiente de droga – infelizmente eu vou ter que repetir isso aqui –, o idiota foi e se deu mal! Se fosse eu, simplesmente não atendia à porta. Já subia os créditos direto, e o filme terminava ali mesmo. Seria o melhor filme de motivação contra as drogas pra passar nos intervalos de *Malhação* e pra mostrar a "força do não".

Mas o rapaz foi pro ambiente de música e logo apareceu um falso cegueta oferecendo duas drogas pra ele escolher! DE GRAÇA! Que traficante é assim, primeiro ele dá de graça, depois, quando você tá viciado, ele toma a televisão da sua avó. Como diz o Renan: "O jovem sem amigos toma decisões erradas sozinho." E o tal do Anderson escolheu tomar a pílula.

Daí foi ladeira abaixo. A droga começou a dominar ele, os traficantes já levaram ele pro laboratório pra tirar algum órgão dele e começaram a contar uma mentira atrás da outra. Com certeza, já visando uma senha de banco. Falaram que a humanidade tava na verdade morando em banheiras penduradas – vê se pode um negócio desse?! É muita maconha! – e trabalhando como pilha pras máquinas ficarem descansando! Isso é golpe do telefone da banheira pendurada, tem que avisar as vovós aí. E outra coisa: hoje em dia ninguém mais usa pilha, é tudo carregado no isqueiro do veículo. E todo mundo sabe que o ser humano adulto não tem energia. Quem tem energia é criança que pratica esporte radical.

Tanto que um dia o Renan me ligou, porque tinha parado na pista central da Dutra. Ele parou pra pegar o Renanzinho, que tinha voado – não entendi direito –, mas deixou o farol aceso pra procurar o filho e a bateria da Towner arriou. Falei pra ele parar um veículo qualquer – com a madeira de prego que eu dei pra ele – e fazer a chupeta na bateria, mas ele disse que o Renanzinho tinha "engolido a chupeta faz tempo". E, quando eu fui explicar melhor, ele já tava usando o Renanzinho como chupeta. Voltou revoltado no telefone, disse que foi faísca pra tudo quanto foi lado, e que o Renanzinho ficou todo chamuscado. E não funcionou.

Mas é claro que não ia funcionar! A energia da criança é positiva! A energia elétrica é negativa. Encosta uma criança numa tomada pra você ver. É choque na certa. Tanto que o Renan falou que o Renanzinho ficou uns 15 dias sem dormir, correndo prum lado e pro outro, e tiveram que amarrar ele numa esteira.

Aí lembrei disso, fiquei puto e saí adiantando o filme, que eu não gosto de ver drogado se dando bem. Essa coisa de andar pela parede, dar chute voador, parar bala com a mão, isso Jackie Chan já fazia há muito tempo e de cara limpa! Ele se drogava era com o aplauso do público. O único acerto é a vidente que não acertava nada. E, no final do filme, o cara sai voando achando que é Superman. Daí você já vê aonde a droga pode te levar.

Enquanto filme, é uma bosta, mas, enquanto um alerta aos jovens em relação ao perigo da droga, é um excelente filme, principalmente se você parar de assistir no começo.

MATRIX
(THE MATRIX)
Ação, ficção científica
1999
Diretor: Lana Wachowski e Lilly Wachowski
Com: Keanu Reeves, Laurence Fishburne, Carrie-Anne Moss
Duração: 2h16

2.
O encouraçado Potemkin

Somos todos marinheiro Popeye

por **Maurílio dos Anjos**

O encouraçado Potemkin é uma obra-prima do cinema mundial, isso ninguém pode negar, com exceção do Julinho, que é burro. Mas o que poucos sabem é que trata-se de um remake do filme *Popeye* do Robert Altman, que o Sergei Eisenstein teve o cuidado de refilmar mantendo a bela mensagem do original: violência se combate com mais violência.

Ao contrário da película americana, o herói não está personificado apenas na figura do marinheiro Popeye. Na versão do diretor russo, vários marinheiros rebeldes são os heróis da história, Brutus é representado pelo exército do czar, e Olívia Palito é o povo desesperado e faminto no meio do fogo cruzado. A ausência do Popeye vem da tradição soviética de evitar personificar seus heróis, a não ser que eles sejam líderes genocidas. Esta tradição é bem diferente da estadunidense, que tende a ser mais civilizada, equilibrando um entretenimento mais inocente com o lançamento de bombas sobre escolas. Mas vamos deixar o genocídio de lado e falar de coisas mais sérias.

O filme é uma grande homenagem ao cinema americano, com referências muito claras a grandes clássicos de Hollywood e ao jogo batalha naval que passava no Bozo. Como na cena em que o carrinho de bebê desce a escadaria, lembrando o clássico *Os intocáveis*, de Brian de Palma. O caráter revolucionário é uma homenagem a *V de vingança*, considerado um dos filmes mais subversivos da história do cinema por quem tem menos de 14 anos.

Um filme que leva o expectador ao êxtase. O ponto fraco fica por conta da trama deveras inverossímil. Por mais espinafre que comamos, é muito difícil nocautear um oponente mais forte, seja ele um brutamontes abusador ou um vizinho maluco. Principalmente se esse vizinho for a Rússia ou os Estados Unidos.

 A cena clássica do confronto na escadaria de Odessa nunca aconteceu. Não há registro histórico de que Brutus tenha agredido Olívia Palito numa escadaria. Pelo menos não na escadaria de Odessa.

 Não acredite nas informações de Maurílio, ele não tem autorização para dar informação neste livro. E nem de usar o termo "informação", que foi criado e registrado por mim. Na minha cabeça.

O ENCOURAÇADO POTEMKIN
(BRONENOSETS POTEMKIN)
Drama, história
1925
Diretor: S.M. Eisenstein
Com: Aleksandr Antonov, Vladimir Barskiy, Grigoriy Aleksandrov
Duração: 1h15

3.
Retroceder nunca, render-se jamais

Uma aula de humildade do Van Damme
por **Julinho da Van**

Eu gravei *Retroceder nunca, render-se jamais* por cima de um capítulo de *Pantanal* na primeira vez que passou no *Cinema em casa* do SBT e até hoje sempre assisto quando sobra um tempo, então você pode imaginar a qualidade desse filme. É o meu filme preferido do Van Damme e tá no meu Top 10 dos filmes da vida, empatado com *Braddock 2 – O início da missão*. Talvez um pouco acima, até!

O filme conta a história do rapaz Jason, um menino bonzinho que é muito fã do Bruce Lee e adora sair na porrada na rua. Mas ele é reprimido pelos pais, que não entendem nada e são contra a diversão do filho. A vida dele é uma verdadeira merda. Mas tudo muda quando o Van Damme chega, de terno branco, na academia em que ele treina e humilha ele e os professores dele na porrada. E isso é uma coisa muito linda que vale ser destacada: o Van Damme só veste branco em todas as cenas. Assim fica muito mais fácil pra mãe lavar as roupas dele depois das filmagens, dá pra jogar na água sanitária direto. Roupa colorida mancha muito, principalmente de sangue e lágrimas, que são duas coisas que têm muito nesse filme. Mais uma prova de humildade desse grande ator e bailarino, facilitando o trabalho braçal da própria mãe. Nem todo mundo tem essa consideração.

Como é sabido, quando um filme é bom, não importa a história. Geralmente ela até atrapalha. Então eu vou te convencer a assistir a essa grande produção só enumerando três cenas inesquecíveis, que já são motivo pra que qualquer cinéfilo sério do país ame *Retroceder*:

- A cena em que o Van Damme joga o adversário com muita violência nas cordas, e ele volta tonto, tomando uma voadora giratória extremamente nervosa no queixo;
- A cena em que o Van Damme comemora sua vitória com um espacate nas cordas do ringue e cruza os braços cheio de marra;
- A cena em que o Van Damme aplica aquele golpe pisando nas costas do adversário e saltando numa voadora linda nos córneos do outro cara na academia do menino.

E, se isso não foi suficiente, quero te lembrar que, nesse filme, ele tinha também como marca registrada dar uma chamadinha com a mão de forma irônica enquanto lutava, e, quando o garoto espanca ele de volta no final, faz o mesmo gesto, pra delírio da audiência, que gosta de uma violência moleque. Mas vale salientar que, mesmo sofrendo essa humilhação de alguém muito inferior na arte da porrada, o Van Damme cumpriu o contrato até o final e não faltou a um dia de filmagem. O cara é profissional pra caralho.*

Só tem um pequeno detalhe nesse filme que eu acho um vacilo: o moleque faz um supletivo espiritual de cinco minutos com o fantasma do Bruce Lee e já sai pagando de discípulo e porrando o Van Damme. Inclusive o Bruce tem que ficar de olho nisso. Tem

---

* E aqui vale o parêntese: é muito fácil ser profissional levando uma vida saudável. Pro ator que faz exercício, se alimenta bem e vai dormir às oito da noite, é mole chegar no horário da filmagem. O Van Damme não, ele cumpria o cronograma mesmo sofrendo de dependência química. Decorar um texto estando há uma semana sem dormir, sendo expulso de uma boate atrás da outra nas Filipinas, isso sim é profissionalismo. A gente precisa valorizar mais o trabalho do ator drogado, essa é a verdade.

muita gente usando o nome dele pra dar aula e vender terreno por aí. E talvez o Van Damme perdesse pro próprio Bruce Lee, ou pro fantasma oficial dele, porque fantasma é mais difícil de nocautear. Mas, numa luta contra um suposto discípulo do fantasma, eu sou mais o Jean-Claude, que é muito mais musculoso. Achei caô. Mas, se você conseguir esquecer esse detalhe, vai ver que isso é até bonito de certa forma, porque mostra, mais uma vez, como se precisasse, a completa falta de vaidade desse ator. Pra ele, o mais importante é uma porrada bem dada, mesmo que seja ele quem esteja recebendo. É algo muito bonito, e fica a reflexão.

Pra mim, *Retroceder nunca, render-se jamais* é tranquilamente a maior atuação desse grande astro, tanto no que diz respeito à interpretação dramática quanto à porradaria cinematográfica. Ele dá um show nas duas modalidades. É um filme que precisa ser mais exibido nas escolas, é uma verdadeira aula de humildade do Van Damme.

RETROCEDER NUNCA, RENDER-SE JAMAIS
(NO RETREAT, NO SURRENDER)
Ação, comédia, crime
1986
Diretor: Corey Yuen
Com: Kurt McKinney, Jean-Claude Van Damme,
Bruce Lee (só o fantasma)
Duração: 1h25

4.

O exterminador do futuro 2

Um robô trapalhão

por **Renan**

Arnold Schwarzenegger interpreta o ciborgue T-800, um robô tresloucado que volta no tempo e invade uma espécie de micareta do Guns N' Roses com a missão de impedir que o Axl Rose vire uma criatura disforme no futuro. Essa é a trama de *O exterminador do futuro 2*, o videoclipe do Guns N' Roses mais caro da história do cinema.

Após falhar em sua missão e permitir que Axl (o inventor do short curtíssimo provocante) siga perigosamente em seu destino rumo ao sobrepeso e à queda de cabelo, Arnold volta sua atenção maternal obsessiva pra John Connor, filho de Axl. Connor é uma criança que corre perigo o tempo todo, dando trabalho a Arnold, que só queria matar quem tivesse que matar e voltar tranquilo pro futuro pós-apocalíptico, onde ele é feliz com os amigos robôs dele. Mas não. O garoto fica andando pra lá e pra cá de mobilete ouvindo Guns N' Roses (Armas & Rosas, em português), jogando fliperama e dando respostinha ao pai adotivo alcoólatra. Tem que respeitar o pai, principalmente se for alcoólatra, porque eles são imprevisíveis.

Como se isso já não fosse confusão pra valer, o ciborgue indestrutível T-1000, muito mais avançado tecnologicamente, também inventa de voltar do futuro. Pra se ter uma ideia de como o

T-1000 é avançado e valentão, ele é capaz de passar por dentro de grades e paredes, tecnologia que só seria desenvolvida em *Ghost: Do outro lado da vida*, no robô interpretado por Patrick Swayze.

Mas em *O exterminador do futuro 2*, o tecnológico T-1000 é programado com uma única função: atrapalhar os outros. E infelizmente faz isso muito bem. Pra atrapalhar todo mundo, o T-1000 vai usar uma outra habilidade curiosa: virar uma gosma prateada, que na ciência é chamada de mercúrio líquido. Explicando pro leigo, é como se você quebrasse um termômetro, deixando vazar aquela bolinha mole prateada que as crianças sempre querem comer. Imagina a quantidade de termômetro que tiveram que quebrar pra fazer esse robô! O cinema norte-americano realmente não tem limites. Mas atenção! Essa bolinha não deve ser ingerida de estômago vazio.

E, se analisarmos as camadas mais profundas por trás de tanta trapalhada e rock pauleira, o filme propõe uma reflexão sobre o processo de amadurecimento que só vem com a idade; idade que sempre traz de brinde a decadência do corpo e da mente até a destruição total do ser humano. Esse é o apocalipse do qual todos tentamos voltar no tempo pra escapar, mas não é possível. Portanto, perfeita a escolha de Axl Rose pro elenco.

No final, a solução pra matar o indestrutível T-1000 era só tacar fogo nele, que é como se resolve a maioria dos problemas de difícil solução: um animal raivoso, uma documentação irregular, um acúmulo de lixo. É só você tacar fogo, que resolve. Mas em *O exterminador do futuro 2*, talvez por Arnold ser um ciborgue austríaco obsoleto e Axl viver tampado na droga, eles só pensam nisso no final. Aí foi tacar fogo no T-1000 e sair pro abraço.

 No futuro, todos usarão roupas prateadas. Isso a ciência já comprovou. Entretanto, nesse filme, os ciborgues do futuro chegam pelados, o que me revoltou. Se eles são realmente do futuro, onde estão suas roupas ridículas do futuro? Fica aqui a provocação.

O EXTERMINADOR DO FUTURO 2

(TERMINATOR 2)
Comédia, videoclipe
1991
Diretor: James Cameron
Com: Arnold Schwarzenegger, Axl Rose, Edward Furlong
Duração: 2h17

5.

Edward mãos de tesoura

Desperdício de mão

por **Rogerinho do Ingá**

Esse filme já começa errado, porque é um filme de terror pra criança, e todo mundo sabe que, pra assustar uma criança, você só precisa se esconder atrás da porta e dar um grito quando ela passar que ela já começa a chorar. Não precisa fazer filme pra isso!

Aí o diretor vem com essa história de um cara que, em vez de ter mãos, tem tesouras no lugar das mãos. Que porra é essa? Se esse Gepeto preguiçoso quer construir um boneco sem mão, ok, mas não precisava ter enchido ele de tesoura. Até porque esse Edward é problemático, podia fazer uma besteira, ainda mais na puberdade, que é a hora que o jovem quer conhecer o próprio corpo. Olhando por esse lado, até que a mão de tesoura ajudou esse menino a afastar esse perigo. O certo seria todo jovem ter as mãos de tesoura pelo menos até os 35 anos.

A gente sabe que, lá nos Estados Unidos, todo mundo apoia muito as diferenças, mas é difícil pra eles aceitarem o jovem Edward, porque lá é comum terem armas de fogo no lugar das mãos. E, pensando no diferencial do mercado de trabalho, que lá é muito competitivo, era melhor se o Gepeto tivesse colocado uma ferramenta diferente em cada dedo do Edward: um saca-rolhas, uma lupa, um mouse pad, pra diversificar os serviços que ele poderia prestar. Mas, mesmo assim, ele conseguiu um bom emprego de cortador de grama e também como cabeleireiro. E lá todo mundo que é cortador de grama pode comprar um carro. Até morador de rua compra carro nos EUA, mas pra morar. É um país maravilhoso!

A adaptação do boneco Edward na sociedade local ia dando muito certo até ele se apaixonar pela Winona Ryder do *Stranger Things* – Things!, como diz Renan. O problema é que essa menina já tinha namorado, que fica revoltado e resolve matar o Edward, armando uma emboscada no castelo. Só que o filme é sobre o Edward, e não sobre o namorado revoltado – tinham que ter explicado isso pra ele –, e o namorado revoltado morre, deixando o caminho livre pra paixão do novo casal.

Mas essa história de amor entre o Edward e a Winona provavelmente não vai pra frente, porque um jovem com mãos de tesoura e uma jovem que rouba loja não têm condições de ter uma vida de casal normal, porque ela vai acabar usando o namorado pra ficar cortando as etiquetas de alarme que tem nas roupas. E eles iam acabar sendo presos, ou mortos, porque lá nos Estados Unidos ou eles prendem, ou eles matam. E quando eles matam, eles não precisam prender. Então talvez os dois morressem. Por isso que o filme acaba antes.

EDWARD MÃOS DE TESOURA
(EDWARD SCISSORHANDS)
Drama, fantasia, romance
1990
Diretor: Tim Burton
Com: Johnny Depp, Winona Ryder, Dianne Wiest
Duração: 1h45

6.
Tudo sobre minha mãe

A minha não, a dele

por **Maurílio dos Anjos**

Se não existisse Shakespeare, talvez o teatro já tivesse acabado há muito tempo. Mas infelizmente existiu Shakespeare, o que felizmente desencadeou uma série de acontecimentos no mundo da arte, como o pujante cinema espanhol, que é um teatro com gente gritando, só que filmado. Uma vantagem é que o espectador não corre o risco de ser levado por um ator pro palco pra participar da peça e fazer o trabalho dele como numa gincana do Celso Portiolli.

E dentre os maiores nomes do cinema espanhol – que também não tem tantos nomes assim –, destaco o brilhante Pedro Almodóvar, diretor de várias peças filmadas. Erra geralmente acertando. Um gênio! Costuma usar os mesmos atores e contar sempre as mesmas histórias, só trocando os cenários e, ainda assim, cada um dos seus filmes é único. Sua influência no mundo é notável, inclusive no Brasil.

Por exemplo, *Minha mãe é uma peça* é um belo exemplo de teatro brasileiro filmado e gritado, fruto das influências espanholas, mostrando que o cinema gritado brasileiro está pau a pau com grandes obras do cinema gritado mundial. E, se você observar, o título é um trocadilho. O Paulo Gustavo quis dizer que a mãe dele enquanto história daria uma boa peça de teatro, ao mesmo tempo que ela também é uma peça no sentido de ser uma peça fundamental da família, pois passou adiante a tradição do teatro gritado, gritando muito com ele quando ele era criança.

Mas voltando ao excêntrico diretor Pedro Almodóvar e fazendo uma análise mais profunda de *Tudo sobre minha mãe*, cheguei à conclusão de que, se esse cara queria falar tudo sobre a mãe dele, ok, só não precisava gastar um filme inteiro pra isso. Eu posso fazer uma lista agora de cabeça com tudo sobre a minha mãe:

- É de áries com ascendente em touro;
- Como toda boa ariana, ela não acredita em signos, nem em mim;
- Tem medo de bicicleta e caixa eletrônico;
- Apoia incondicionalmente o meu trabalho. E a pena de morte;
- Chama minha irmã e eu de Amanda, sendo que minha irmã se chama Amanda;
- Já fingiu que era epiléptica pra não pagar a conta num restaurante; fomos pro hospital, e a conta dos exames deu 5 mil reais;
- É epiléptica;
- Cultiva forte atração pelo Silvio Santos;
- E me culpa até hoje por ter parado de fumar quando ficou grávida de mim.

INFORMAÇÃO DO RENAN Atenção! Não leve o título deste filme ao pé da letra e jamais conte tudo sobre sua mãe, principalmente na internet. Hoje em dia, os piratas cibernéticos, conhecidos como hackers, ficam atrás de informações pessoais de idosos pra roubar os dados bancários deles. Por isso nunca fale nada sobre sua mãe, e de preferência nem fale com ela. Inclusive este diretor tem um filme chamado *Fale com ela*. Esse Pedro quer te induzir ao erro pra logo em seguida clonar o cartão de crédito da sua mãe. Será que ninguém vê isso?!

TUDO SOBRE MINHA MÃE

(TODO SOBRE MI MADRE)
Drama
1999
Diretor: Pedro Almodóvar
Com: Cecilia Roth, Marisa Paredes, sua mãe
Duração: 1h41

7.
Planeta dos macacos: A guerra

A macacada reunida!

por **Julinho da Van**

Depois de finalmente conseguir retirar o DVD de *Carga explosiva 2** de dentro do aparelho do carro com auxílio de uma chave de fenda, pude finalmente assistir a *Planeta dos macacos: a guerra*. E, na verdade, nem precisava, porque eu já tava certo antes de ter visto: esse filme tem macaco fumando, macaco voando de asa-delta, macaco jogando carta, macaco matando aula, macaco matando outro macaco, e por aí vai. É só atividade divertida! Não tem um macaco lendo um livro no filme inteiro. E todo filme de macaco é isso, dá pra elogiar tranquilo, sem nem ter visto. Fica a dica pra Hollywood fazer mais isso e poupar o tempo do cinéfilo que trabalha em horário comercial e não tem como ficar parando toda hora pra ver filme.

Essa nova versão de *Planeta dos macacos* também corrige um erro muito comum no cinema de animal. Porque toda vez eles insistem em deixar os bichos parecidos com os humanos, cheio de emoções nobres, como a amizade ou a habilidade no volante. Mas qualquer cidadão de bem sabe que o que torna um ser humano humano é justamente a capacidade de se viciar e de se destruir. E, nesse filme, tá tudo lá: a tristeza e a guerra como primeiros sinais de que os macacos estavam finalmente virando gente.

* Filmaço!

E os macacos desse filme são todos idosos porque vivem uma grande neurose com gripe, e ficar obcecado com gripe é coisa de velho. Eu tenho um tio-avô que era do jogo do bicho e sempre tinha assuntos maneiros: falava de um vizinho que ele foi obrigado a matar, e de um cara de quem ele quebrou os joelhos porque não pagou. Enfim, um cara normal. Foi ele fazer 60 anos que começou a falar só de gripe. Passou um Natal inteiro me explicando que porra era H1N1 e me deu um esporro quando eu espirrei em cima dele, dizendo que eu estava "prejudicando a sociedade como um todo".

Irmão, se eu tivesse a capacidade de prejudicar a sociedade como um todo, é lógico que eu ia prejudicar, disso você não tenha a menor dúvida. Só que não seria na vacina. Eu ia logo pra calamidade pública: fazendo orgia no meio da rua, jogando bateria automotiva no rio, tacando fogo em caçamba de lixo. Igualzinho ao que os macacos fizeram no filme! E, pra armar uma confusão, não tem bicho melhor do que macaco. Ele veste a roupinha dele e sai destruindo tudo. Depois come uma banana e fuma o cigarrinho dele como se nada tivesse acontecido.

O Maurílio começou a me explicar uma teoria muito merda de que os humanos são um primo mais fraco do macaco e o que fez a gente dominar o mundo foi nossa capacidade de sonhar. O Maurílio é maluco.

PLANETA DOS MACACOS: A GUERRA
(WAR FOR THE PLANET OF THE APES)
Ação, aventura, macaquice
2017
Diretor: Matt Reeves
Com: Andy Serkis, Woody Harrelson, Steve Zahn
Duração: 2h20

8.
Curtindo a vida adoidado

Nunca permita que te ensinem nada

por **Renan**

Os anos 80 foram a década mais jovem da humanidade. Nem o Muro de Berlim resistiu, sendo infelizmente vandalizado e depredado por jovens. Quebraram o muro todo! E o filme mais jovem dos anos 80 sem dúvida foi *Curtindo a vida adoidado*, que além de tudo tem um dos títulos mais jovens de todos os tempos. Porque o jovem não fica satisfeito em curtir. Ele quer curtir adoidado. E ele não fica satisfeito em curtir adoidado no fim de semana ou no recreio, ele quer curtir adoidado em horário letivo.

Curtindo a vida adoidado (em Portugal, *O rei dos gazeteiros*) traz a história de Ferris Bueller, um adolescente que rouba o carro do pai do amigo e sai fazendo baderna pela cidade. Traduzindo pra linguagem do jovem de hoje, é um GTA da *Sessão da tarde*. Furto e vandalismo pra toda a família.

Pra quem não sabe, GTA é aquele jogo em que o objetivo é roubar um carro e sair em busca de armamento pra espalhar violência de forma aleatória até ser assassinado pela polícia. Em resumo, entretenimento jovem. Me disseram que tem umas missões, mas vídeo game com missão eu sou contra. Quando eu jogo vídeo game, principalmente GTA, eu estou no meu lazer, quero relaxar, quero ser feliz. Quero sair dando soco em idoso na rua e, se tiver a sorte de achar um lança-chamas, ficar ateando fogo em hospital até cair no sono em casa. Não vou querer ninguém me dando missão, de missão já me basta passageiro passando mal pedindo pra ir pro pronto-socorro. Eu não sou Samu, não tenho que levar ninguém pro pronto-socorro.

E Ferris Bueller também não. Ele coloca o amigo, que é uma espécie de escravo emocional, e a namorada no carro e sai fazendo as coisas que ele já faria se estivesse sozinho. Lembrei do meu pai, que, quando minha mãe reclamava que ele não fazia programações infantis comigo, me levava pro bar, pra onde já iria de qualquer forma, e me deixava esperando trancado no carro, mas sempre com uma gretinha pra eu poder respirar, porque ele era muito atencioso. E eu sempre fui asmático, então não preciso respirar muito. Até nisso o velho pensava, olha a atenção ao detalhe de um pai de família! Sem contar que foi ali, naquelas horas aprisionado no interior do veículo, que começou a nascer minha paixão por automóveis.

Mas, infelizmente, o filme peca em alguns aspectos. Ferris tem um trabalhão pra matar aula, mas acaba visitando um museu, ou seja, perdendo uma oportunidade de ouro de passar um dia inteiro sem aprender nada. Quem realmente aproveita o dia é o boneco que fica em casa dormindo. Faltou sensibilidade ao diretor John Hughes pra retratar a alma do estudante, cuja luta diária na escola é chegar ao final do dia sem aprender absolutamente nada. Não é fácil, porque a vida tenta te ensinar a todo momento, inclusive através de falsas diversões que são, na verdade, educativas, olha a armadilha! Esse é o drama cotidiano que parece passar batido aos olhos de Hughes. Como foi alertado em nosso programa, cultura jovem é urso, é Bruno de Luca, é tatuagem de letra, é slackline, é destruição. Quando o jovem olha pro professor, pros pais, pros avós, ele está pensando em slackline, em destruição – seja na escola, seja em casa, seja no GTA e seja em *Curtindo a vida adoidado*. Ou pelo menos deveria ser.

 O aqui criticado por não captar a alma jovem nesse filme, diretor John Hughes, logo ele, foi um especialista em filmes jovens: *Gatinhas e gatões*, *Mulher nota 1000*, *A garota de rosa shocking*, *Esqueceram de mim*, *Esqueceram de mim 2*, *Esqueceram de mim 3*, *A malandrinha*, entre outros. É uma senhora filmografia. Então, apesar das críticas, fica aqui nossos parabéns ao John Hughes. Pena que ele já morreu. Mas, enfim, isso é problema dele. Está registrado aqui.

CURTINDO A VIDA ADOIDADO
(O REI DOS GAZETEIROS)
Comédia jovem
1986
Diretor: John Hughes
Com: Matthew Broderick, Alan Ruck, Mia Sara
Duração: 1h43

9.
Stallone: Cobra

Um policial que fala coisas bonitas antes de matar

por **Rogerinho do Ingá**

O filme do *Stallone: Cobra* já começa certo: um rapaz sem problema nenhum para na vaga de deficiente e logo chega a SWAT pra matar o cara. Perfeito! Estados Unidos é assim, país sério, que respeita o deficiente físico. Parou "por engano" na vaga de deficiente físico? É tiro.

Aqui que é essa bagunça. Se alguém para na vaga de deficiente aqui – e eu paro – e alguém vem reclamar – e vem mesmo –, eu já respondo logo: "Tu é deficiente?! Então não reclama!" Ou seja, um deficiente físico tem que sair de casa pra vir reclamar com o motorista que parou na vaga dele. Errado isso, até porque o Julinho lembrou bem: "Nem todo deficiente físico tem conhecimento de uma arte marcial, ou tem uma pistola automática."

Mas, enfim, o chefe de polícia lá no filme ficou de bate-papo com o bandido, morreram três pessoas. Quando o Stallone chegou, nem conversou, já matou a quarta pessoa e ficou tudo certo. Eu sempre digo isso: só matando pararemos com as mortes.

Mas aí que vem o diferencial do Stallone: antes de matar o cara, ele dá várias lições de moral, mandando uns pensamentos muito profundos, que, com certeza, fizeram o bandido refletir. Ele dava a chance do bandido virar uma pessoa melhor e matava logo em seguida. O Stallone mandou: "Você é a doença, eu sou a cura", "Você é um monte de cocô". Pô, isso desestabiliza qualquer um, ainda mais vindo do Stallone.

E tem mais, o filme é tão mental que, mesmo que você se recuse a aceitar as palavras de sabedoria do Stallone, recebe vários flashes, tipo Jequiti, ao longo do filme com imagens de arma e de chaleira! Tudo rapidinho, só pra educar a sua mente. O filme é pensado! Filme americano é pensado! Não é sair filmando qualquer coisa só porque o cara é famoso, não!

E, nessa época, o Stallone nem era famoso. Tanto é que o filme tinha o nome dele na frente pra você saber que é ele que faz o filme! Eu mesmo teria passado direto na locadora sem reconhecer, porque nesse filme ele não tá deformado como no *Rocky*. Um filme muito bom!

STALLONE: COBRA
(COBRA)
Ação, crime, thriller
1986
Diretor: George P. Cosmatos
Com: Sylvester Stallone, Brigitte Nielsen, Reni Santoni
Duração: 1h27

10.

Kill Bill: Volumes 1 e 2

Toda mãe só quer
o melhor pra ela mesma

por **Maurílio dos Anjos**

Kill Bill é uma mistura de filme de kung fu com filme de vingança. Se bem que, em quase todo filme de kung fu, alguém quer se vingar. E, se você for se vingar, o kung fu é muito útil, mas o importante mesmo é seguir seu coração, e a pessoa ser mais fraca que você.

No filme, acompanhamos a saga de Beatrix Kiddo, interpretada por Uma Thurman, uma mãe cheia de ódio no coração, como todas as mães, numa busca implacável por Bill, seu ex-marido. Ela também foi traída por todos os seus amigos e teve a filha roubada pelo ex, numa espécie de abandono parental ao contrário. Tudo isso enquanto esteve em coma, o que a impediu de descontar na filha todas as suas frustrações, por isso ela acorda com rancor acumulado. Inclusive fica a pergunta: quando a pessoa tá em coma, quem cuida dos pertences dela? Fora que ela sai do coma completamente fora de forma, não consegue nem andar. O Steven Seagal sai do coma porrando todo mundo em *Difícil de matar*, mas ele era praticante do aikidô, uma arte marcial que usa a força do adversário contra ele mesmo, por isso todo mundo apanha de lutador de aikidô, mesmo ele estando em coma.

Numa estratégia clara dos estúdios e da distribuidora, Beatrix Kiddo demora a franquia inteira pra encontrar Bill, o que torna a película inverossímil, pois todo mundo sabe que, após o término de um relacionamento, é quase impossível não esbarrar com o ex por aí, quase sempre num date com uma amiga sua. Mentiras à parte, ela segue tranquila assassinando brutalmente todos que cruzam seu caminho, sendo responsável por um derramamento de sangue capaz de encher uma piscina olímpica, o que triplicou o orçamento do filme, já que a fabricação do sangue cenográfico é um processo delicado, no qual se mistura corante, amido de milho e sangue de animal jovem.

Numa das cenas mais emblemáticas dos dois volumes de Kill Bill, Beatrix enfrenta os "Crazy 88s", os 88 doidões em português, e consegue vencer essa batalha só na porrada, espada e tchaco, sem fazer uso de arma de fogo ou de diálogo em nenhum momento.

Outro grande momento do filme é quando Beatrix é enterrada viva dentro de um caixão, mas consegue escapar usando o recurso do soquinho breve, modalidade ninja ortodoxa que ela aprendeu com seu grande mestre Pai Mei, uma espécie de Seu Miyagi do mal. Os amantes do fliperama devem lembrar que esses soquinhos eram a maior apelação no *Street Fighter II*. E essa técnica habilita a pessoa a dar diversos soquinhos letais consecutivos na cara de alguém mesmo estando a um centímetro de distância, o que fisicamente parece impossível, mas no mundo do kung fu e do Street Fighter não é. Uma vez tentei quebrar um caixa eletrônico com um soco e não tive sucesso porque não deixaram eu dar os outros 299 socos.

Superadas todas as adversidades e os adversários, Beatrix finalmente encontra Bill e a filha, mas não darei maiores detalhes, senão seria um spoiler, e não tô aqui pra estragar o prazer do amante da sétima arte. A verdade é que *Kill Bill* é um filme sobre a força homicida do amor e o desequilíbrio das mães. Tem sangue, tem kung fu, tem traição, mas isso tudo é pra justificar o amor dessa grande mulher pela filha, que ela resgata após matar o pai da menina.

Mas, pensando bem, era só chamar um advogado. Juízes sempre dão a guarda dos filhos pras mães.

KILL BILL: VOLUMES 1 E 2
(KILL BILL: VOL. 1 & 2)
Ação, kung fu, divórcio
2003 e 2004
Diretor: Quentin Tarantino
Com: Uma Thurman, David Carradine,
Daryl Hannah, Michael Madsen
Duração: 1h51 e 2h17

11.

Um morto muito louco

Uma história que
acontece muito na night

por Julinho da Van

Um morto muito louco é um filme muito realista. Quem já se viu numa situação em que um brother desmaia na balada sabe o que é carregar um corpo pela pista no braço. Às vezes você tá num processo de paquera, desenrolando um lance com uma gata numa situação de pista de dança e percebe que um amigo tá pra cair. Uma pessoa de bem nesse momento tem que disfarçar, continuar dançando, abraçar o amigo e fingir que tá curtindo com ele, enquanto reboca o cara pro sofá ou pra cadeira mais próxima. De preferência um sofá, porque o maluco vai apagar ou já tá apagado, e muitas vezes pode ter falecido também, acontece direto. Se tiver óculos escuros, como vemos no filme, você já dá um ar de vitalidade e estilo pro cadáver, e ninguém vai reparar que ele apagou. E tem que lembrar que é uma festa, então tá tudo bem a pessoa estar de óculos dentro da boate, porque ninguém sabe que tipo de droga ele pode ter tomado.

O longa explana a trajetória de dois corretores de seguro em início de carreira que são convidados pelo chefe pra curtir na casa de praia dele. Chegando lá, eles descobrem que o coroa, na verdade, quer matar os dois, e já tem até um plano pra isso. Não é à toa que ele é o chefe, o cara pensa em tudo. Só que, como é cinema, dá tudo errado. O coroa morre e o dinheiro do golpe dele tá todo lá, dando sopa. Então eles fingem que o cara tá vivo pra não levantar suspeita e eles poderem torrar a grana no resort e depois descartar o corpo

no valão do resort. É uma história muito bonita de amizade, porque o coroa é muito mais gente boa morto do que vivo, e os dois corretores acabam pegando afeição pelo corpo do milionário abatido.

Um morto muito louco tem cenas que entraram pra história, como a cena da dança do morto muito louco, que virou montagem de funk de grande sucesso no Rio de Janeiro, minha área de atuação; a cena em que o corpo do Bernie, o morto, é descartado de um avarandado, se estatelando no chão que nem um saco de cimento; a cena do jovem usando um nylon pra fazer o morto acenar na praia que nem uma marionete e a cena do Bernie sendo arrastado pela lancha dos playboys. Quando eu morrer, quero ter amigos assim pra levar meu corpo num resort. Fica aqui registrado meu último desejo.*

---

* Ou pode ser em um cruzeiro, o que facilitaria o descarte dos meus restos mortais. Não quero dar trabalho. Só peço que, depois de uma semana de diversão sem limites no cassino e na piscina aquecida, quando chegasse a hora de me empurrar lá de cima do navio pra que meu cadáver cinza e inchado explodisse ao colidir com a água, fazendo voar vermes pra todos os lados, tudo fosse executado observando um espírito de respeito e solenidade.

Apesar de muitos classificarem *Um morto muito louco* como uma comédia, isso é um erro, porque o filme, na verdade, é um drama sobre uma improvável amizade entre dois moleques sem dinheiro e o cadáver de um milionário em estado de putrefação.

Só pra complementar, a título de curiosidade, todo mundo que, assim como eu, teve a oportunidade de fazer o ensino fundamental, sabe que o livro do Quincas Berro D'água é plágio descarado de *Um morto muito louco*. É a história de uns amigos que estão no enterro de um parceiro de bar e levam o corpo pra tomar o último porre. Mesma merda. Tem cenas muito parecidas. Acho muita coincidência.

UM MORTO MUITO LOUCO
(WEEKEND AT BERNIE'S)
Aventura, comédia espírita, crime
1989
Diretor: Ted Kotcheff
Com: Andrew McCarthy, Jonathan Silverman,
Catherine Mary Stewart
Duração: 1h37

12.

O exorcista

Era só birra

por **Renan**

Muitas vezes, nós, críticos de cinema, falamos apenas de filmes de ação, como *Rambo*, ou comédias, como *Rambo II*, mas é importante dizer – e eu estou aqui justamente pra dizer o que é preciso ser dito – que o cinema também tem um caráter pedagógico. É o caso do filme *O exorcista*, que é tipo um programa *Bem-estar* misturado com *Fala que eu te escuto*. Com uma pitadinha de Missa do Galo.

O exorcista é a história de uma menina que pega uma virose, que é uma coisa normal de criança. Virose, toxoplasmose, cegueira noturna, essas doenças que a criança tem que ter pra ficar forte depois. E, pra piorar, a menina resolve entrar na puberdade no meio da história, começa a responder feio pra mãe e tem erupções cutâneas seriíssimas, ficando com a pele parecendo um crocodilo, um crocodilo com problema de pele.

Diante daquela situação complicada, a mãe chama um padre, que decide curar a menina praticando o chamado exorcismo, que é um ritual que consiste em gritar na cara de uma criança até ela ficar boa, mas que só pode ser executado por um padre oficiado pelo Vaticano que já tenha participado de workshops de exorcismo. E o padre agiu certo, porque a situação já estava prestes e sair do controle, e aquela menina a qualquer momento podia estar na rua, pichando muro.

Spoiler: No final era só birra. Eu já sabia desde o início! Criança é assim, quando não é fratura, é birra. Quando o Julinho conheceu o meu filho, ele até sugeriu um exorcismo, mas eu o tranquilizei, disse que o Renanzinho era assim mesmo, que a cabeça dele sempre vira daquele jeito, normal. Igual o pirocóptero (que nunca funciona!). Então, apesar do Julinho ser um grande místico, além de piloto de van e capoeirista, eu preferi não submeter meu filho ao exorcismo. Mas até hoje ele insiste.

Sem contar que esse negócio de exorcismo é frescura. Quando o Renanzinho porventura tem algum probleminha de saúde, eu dou um soro caseiro que resolve. E o melhor soro caseiro que tem é a Coca-Cola, que já tem açúcar e sal numa quantidade suficiente pra imunizar a criança por vários anos.

 Se *O exorcista* tivesse uma trilha sonora de axé, ia ficar um filme muito mais pra cima. O Asa de águia é uma banda muito eclética, com certeza já abordou o exorcismo em algum de seus inúmeros hits.

O EXORCISTA
(THE EXORCIST)
Terror pedagógico
1973
Diretor: William Friedkin
Com: Ellen Burstyn, Max von Sydow, Linda Blair
Duração: 2h02

13.
Batman, o cavaleiro das trevas

A estrela do filme é o Batmóvel

por **Rogerinho do Ingá**

Todo mundo sabe que eu levo a sério filme de super-herói. Já tentei falar sobre a questão do *Homem-Aranha 3* por telefone no programa do espanhol lá que fica dançando e fui cortado. Então, quando eu digo que nunca fizeram um filme decente do Batman, é porque nunca fizeram um filme decente do Batman! E pronto! Já fizeram filme de Batman com furo no queixo, já fizeram filme de Batman com mamilo marcando, filme de Batman apanhando do Super-homem, filme de Batman sem o Robin, filme de Batman com o Robin, fizeram série, desenho, vídeo game, até gibi fizeram e ainda não conseguiram aproveitar esse personagem da maneira correta que é: jogando ele fora.

Porque o problema dos filmes do Batman é o Batman, e ninguém percebeu isso ainda! Mas eu vou fazer esse alerta aqui! Eles ficam trocando o ator toda hora, achando que o problema é o ator. Não é! Pode botar até o Adam Sandler pra fazer o Batman que não vai dar certo. Infelizmente. A verdade é que a gente paga ingresso pra ver o Batmóvel! É claro.

Ninguém quer saber do Batman, muito menos do Bruce Wayne, que é o Batman sem roupa. O Batman sempre foi um detalhe na história. O único poder do Batman é ter uma pochete personalizada cheia de produto chinês, mas se perguntar se tem uma fita crepe, uma chave de roda, um Tylenol, ele não vai ter. Sem o Batmóvel, o Batman não pode tacar míssil no Coringa nem dar tiro. O Batman vira um guardinha municipal, que nem informação consegue dar, porque ninguém entende o que ele fala. Vê a dicção do Homem-Aranha. Perfeita! O Batman precisou até fazer um furo na máscara pra boquinha dele ficar de fora e não adiantou. O Batman tinha que fazer fono.

Então, o nome certo desse filme era pra ser Batmóvel: O VERDADEIRO cavaleiro das trevas. Perfeito. O Batmóvel é que é o herói dessa série. Ele é totalmente blindado. Vira moto, vira lancha, vira avião e já vem com toda a documentação certinha, tanto que o comissário de polícia e o pessoal todo da blitz deixa o batmóvel passar direto. "O Bruce Wayne também passa direto na blitz." Claro, Maurílio, mas é porque o Bruce Wayne é milionário, e milionário não pode ser parado em blitz. É lei, todo mundo sabe disso.

O Batmóvel não precisa nem do Batman pra andar, ele anda sozinho se quiser. Ele tem autorização pra dirigir até em parede de prédio, tanto que o Batman não fica procurando vaga que nem os outros heróis, ele estaciona direto no teto. Agora pensa: uma máquina que faz tudo isso, você vai sair do carro pra combater o crime pra quê? Só se você for um idiota traumatizado querendo vingar alguma coisa do passado. E o Batman é somente idiota. Quer combater o crime? Aperta o botãozinho do painel, taca logo um míssil no esconderijo do Coringa e pronto, é só acelerar e voltar pra casa.

E, pra fechar, hoje qualquer imbecil pode alugar uma fantasia de Batman e sair por aí combatendo o crime nas ruas do Leblon. Preciso falar mais alguma coisa? Não!

BATMAN: O CAVALEIRO DAS TREVAS
(THE DARKNIGHT)
Ação, crime, drama infantil
2008
Diretor: Christopher Nolan
Com: Christian Bale, Heath Ledger, Aaron Eckhart
Duração: 2h32

14.

Ela

Nunca se apaixone
pelo seu celular

por **Maurílio dos Anjos**

Filme futurista só era bom no passado, quando a gente ainda acreditava que o futuro ia ser cheio de novidades, mas, na verdade, tudo é reciclado. A internet, por exemplo, é como se fosse a antiga banca de jornal: só tem notícia falsa e pornografia.

Nessa trama tecnológica, um rapaz se apaixona e começa a namorar um aparelho celular, o que é extremamente arriscado, porque acaba que as mensagens de WhatsApp que você troca com outras pretendentes vão ser sempre lidas pelo seu cônjuge. Sem contar o risco de você esquecer sua namorada no Uber ou deixar que ela caia no chão e fique toda estilhaçada.

O que eu gosto nesse filme é a sublime interpretação da Scarlett Johansson no papel de voz do celular. Me lembra a vez que eu me apaixonei pela voz da atendente da companhia elétrica. Fiquei meses sem pagar a conta de luz só pra ela me ligar e consegui convencê-la a sair comigo. Mas, durante o encontro, descobri que a atendente, na verdade, era um senhor de 66 anos que passou por uma traqueostomia. O mais importante é que agora o senhor tá bem, nós até fumamos um cigarro juntos depois do jantar.

De todo modo, eu acho errado namorar um celular, mesmo que ele tenha a voz da Scarlett Johansson. Mas, talvez, se fosse o contrário, uma Scarlett Johansson com voz de celular, eu gostasse, embora eu seja contra a objetificação das pessoas, mesmo que esse objeto seja a Scarlett Johansson.

Como todo relacionamento, logo começaram as crises. Ela já não queria mais fazer amor com ele. Ele já não queria mais jogar vídeo game com ela. Ela já não acordava mais ele com um bom--dia, e sim com aquele despertador de telefone antigo. Ele já deixava ela no silencioso. Mas o final da película é óbvio e tradicional, a grande paixão acaba como acabam todos os relacionamentos: descobrindo que a pessoa amada namorava outras 461 pessoas.

ELA
(HER)
Drama, romance, ficção científica
2013
Diretor: Spike Jonze
Com: Joaquin Phoenix, Amy Adams, Scarlett Johansson
Duração: 2h06

15.
Clube da luta
O Tinder da porradaria
por **Julinho da Van**

Mesmo que *Clube da luta* fosse só um filme de porradaria, já seria bom pra caralho. Mas é muito mais. É um filme de porradaria, amizade e empreendedorismo. Três coisas que eu prezo muito e que acho que estão um pouco em falta nos dias de hoje. É linda demais essa história de dois grandes amigos que estão na merda e se juntam pra abrir uma startup de porrada. Todo mundo quer arrumar uma briga gratuita, mas falta um espaço maneiro, e às vezes uma razão pra meter a porrada em alguém. Então essa foi a sacada deles. No clube da luta não tem que ter razão pra brigar. Tu chega, entra na fila e sai metendo a muqueta. A porrada não pode ser refém das circunstâncias.

É claro que uma iniciativa dessas tinha poucas chances de dar errado, mas eu achei arriscada a decisão da diretoria de proibir os sócios de falarem do clube, porque falar do negócio é divulgação. Ainda mais que a empresa anterior deles, no ramo de sabonete, já tinha dado errado. Vai ver foi até por isso. Eu sou empreendedor e sei que a gente tem que circular nosso produto, senão o pessoal não compra. Tem que fazer um cartãozinho, um adesivo maneiro, uma propaganda mais ampla com carro de som. Depois seu produto pode até cair de qualidade, mas ele já tá forte no mercado, e você só fica tranquilo fazendo um dinheiro.

Não tenho vergonha nenhuma de bater nessa tecla de novo: senti falta de um Lorenzo Lamas no filme. O potencial dele pra briga de mão livre é gigante. Poucos sabem dar uma porrada tão bem dada quanto o Lorenzo. Mas o Brad tá bem no papel de Tyler Durden também. Dá pra sacar que ele tá com a série de supino em dia porque o peitoral tá maneiro, mesmo ele já sendo idoso naquela época. O outro rapaz lá eu nem sei o nome, mas é bom ator também.

Clube da luta é bom do começo ao fim, mas tem uma falha grave no roteiro que eu não vou me furtar de comentar aqui: o Brad Pitt some do nada e nunca mais aparece,* e eu tenho certeza de que Brad jamais faria isso com o amigo. Vai ver ele não tinha mais data pra gravar e teve que abandonar o filme no meio. Naquela época ele tinha muito filho pra buscar na escola. Agora tá mais tranquilo, graças a Deus.

CLUBE DA LUTA
(FIGHT CLUB)
MMA
1999
Diretor: David Fincher
Com: Brad Pitt, Edward Norton, Meat Loaf
Sem: Lorenzo Lamas
Duração: 2h19

* Outra parada que o Lorenzo Lamas sabe fazer muito bem!

16.
E.T. –
O extraterrestre

O pior bicho de estimação que existe

por **Renan**

Um acidente automobilístico sempre pode ser a oportunidade pra uma nova amizade. Esse é um pensamento que carrego comigo no dia a dia do trânsito. Nunca fiz amigos respeitando sinal. É na batida, é na capotagem, é submerso, é preso nas ferragens que você conhece de verdade uma pessoa, e eu me orgulho de ter feito grandes amigos assim. Então é natural que eu tenha me interessado em analisar *E.T. – O extraterrestre*, um filme que, além de ser pra toda a família, já começa com uma grande capotagem, e de uma nave espacial, demonstrando que os extraterrestres também são passíveis de erros, sim! Não só nós pilotos aqui da Terra! Aí você já vê que não é a capotagem pela capotagem, é a capotagem com mensagem! O início do filme não poderia ser melhor.

Mas, infelizmente, a história acaba se perdendo. Não há mais nenhum acidente significativo, e a decisão do menino Elliot de adotar um alienígena como pet, por mais sensata que fosse, acaba dando totalmente errado. Primeiro porque ele não consultou os pais. Isso é o mínimo que uma criança deve fazer quando leva um alienígena pra casa. E, segundo, porque o E.T. já caiu na Terra sem crédito no telefone, aí ficava enchendo o saco o filme todo pedindo pra ligar pra casa, desesperado pra ir embora (todo pet sempre quer fugir pra casa, isso é regra básica de pet), querendo encostar aquele dedo inflamado nos outros, faltando aula pra ficar em casa enchendo a cara vestido de mulher. Enfim, um vândalo.

Mas o que mais me preocupa nesse tipo de filme é o mau exemplo. Meu filho logo inventou de querer adotar um pet também. Ele tava sem pet desde que a aranha-caranguejeira sumiu no quarto dele quando ele era bebê. Enfim, na falta de um extraterrestre de raça disponível, tive que me contentar com um pequinês, que, assim como todo pet e todo alienígena, ficava naturalmente tentando fugir toda hora. Um tormento.

Sorte que eu lembro que, quando era criança, meu único pet era uma maritaca muito amada lá em casa, que só sabia falar "socorro, me tirem daqui, quero voltar pra minha família" e ficava voando batendo a cabeça contra o vidro da janela, contra a parede, contra os móveis, ou contra qualquer coisa no caminho dela em sua tentativa desesperada de fugir do nosso amor. Então meu pai cortou as asinhas dela, e aí ficou tudo bem. Ela só ficava gritando parada. Por isso decidi amarrar as patas do cachorro, encher a banheira de água e jogar ele lá dentro, pra dificultar ao máximo a fuga. Ele afundou igual a uma pedra. Renanzinho ficou feliz demais. Não entendo por que o menino Elliot não fez isso com o E.T.. Desculpem o spoiler, mas, depois, no final, o E.T. foge e o garoto fica chorando.

Mas o pequinês era tão inteligente que mesmo amarrado bebeu toda a água da banheira pra poder fugir! Olha só que safado! Só que logo depois ele urinou toda a água de volta na banheira e afundou de novo, infelizmente se afogando em sua piscininha de urina. Renanzinho ficou muito triste, igual ao Elliot quando o E.T. aparece caído todo branco numa vala. Cena forte. Então tive que usar minha criatividade de pai pra alegrar o Renanzinho e levei ele pra bater uma foto andando de bicicleta igual naquela cena famosa, voando na frente da lua. Peguei meu celular e taquei o Renanzinho montadinho na bicicleta dele de um barranco, mas não deu tempo. Ele acabou rolando barranco abaixo muito rápido e na foto só saiu a lua. Não ficou igual. Mas fiquei me perguntando nessa hora por que o E.T. nessa cena não foi voando de bicicleta pra casa direto.

 **INFORMAÇÃO** Apesar de todo o mau comportamento do E.T., quem levou fama de teimoso em Hollywood foi o Alf. Ficou falado. Mas o E.T. era muito mais teimoso! O Alf não ficava desesperado querendo voltar pra casa logo, como se a Terra fosse uma porcaria e só o planeta dele fosse bom. Ele rapidamente se adaptou e começou a trabalhar, menos do que poderia, é verdade, porque a (injusta!) fama de teimoso atrapalhou muito a carreira dele. Hoje ele é corretor de imóveis. Você pode ver que ele nunca mais fez nada em Hollywood. O E.T. também não, mas o E.T. voltou pro planeta dele, tem a questão da distância.

E.T.: O EXTRATERRESTRE
(E.T. THE EXTRA-TERRESTRIAL)
Família, ficção científica
1982
Diretor: Steven Spielberg
Com: Henry Thomas, Drew Barrymore, Peter Coyote
Duração: 1h55

17.
Velozes e furiosos (FRANQUIA)

A franquia mais importante de todos os tempos

por **Rogerinho do Ingá**

Velozes e furiosos é a maior franquia de cinema de todos os tempos, ficando um pouquinho à frente de Transformers. Transformers tem a questão dos carros andarem, falarem, darem cambalhota, usarem armas, que sempre foi um grande sonho de todos nós, e isso tem que ser respeitado. Mas em Velozes e furiosos, os carros são apenas carros. E isso basta. É a pureza do automóvel com toda sua potência.

O primeiro filme da franquia já é um clássico que mostra como nasceu a amizade de Vin Diesel e Paul Walker. Com direito a destruição do carro do pai de um e a revelação surpreendente do outro ser um policial disfarçado, coisa que até hoje ainda tenho dúvidas. Pra mim – e pro Julinho – o Paul Walker na verdade sempre foi um piloto de racha, que se infiltrou na polícia pra depois ser infiltrado de volta no circuito de rachas, protegendo todo mundo. Maurílio discorda, mas a opinião do Maurílio não importa.

Meu único questionamento é: por que demoraram tanto pra fazer um filme assim? Se esse filme tivesse sido feito na minha infância, eu teria começado a dirigir muito antes dos 12 anos, pois o filme incentiva as crianças a dirigirem, como muito bem destacou o Renan num dos nossos programas. Quando qualquer filme da franquia acaba, você já quer pegar o carro e dirigir. Por isso que sempre assisto dirigindo, porque, quando o filme acaba, eu só piso no acelerador sem perder nem um segundo de emoção.

Falando em segundo, o segundo filme da franquia não tem o Vin Diesel, porque ele achou que o final do filme 1 não deixava ele voltar no filme 2 de maneira lógica. E tá certo o Vin! Muitos filmes por aí metem um narrador de supermercado pra contar uma mentira qualquer, e sempre vai ter uns babacas pra aplaudir. Vin Diesel, não. Ele exige um filme inteiro pra justificar sua volta e, mesmo assim, ele só volta no final do filme 3.

E vou trazer uma informação aqui: nenhum Velozes e furiosos teve ponto fraco citado no programa *Choque de Cultura*! Nenhum! Só o filme 5 recebeu uma pequena crítica nossa. Renan achou o filme um pouco abaixo – um pouco! –, porque foi filmado no Brasil. Eu não concordo, porém registrei no programa que achei estranho a ausência de um racha na Estrada do Catonho. Eu acho que devem ter filmado esse racha e depois tirado da versão final, que produtor de Hollywood gosta de se meter e cortar as coisas. Maurílio tá mexendo a cabeça aqui de um lado pro outro, sinal de que concorda com isso também.

E nesse filme 5 é quando o The Rock invade a franquia. O Renan já disse que o The Rock faz o filme que quiser, e seria natural, pelo brilhantismo da franquia Velozes e furiosos, que, em algum momento, o The Rock ia querer fazer um Velozes. Ele não ia ficar de fora dessa festa. Mas, diferente do Julinho, acho que a entrada dele destacou mais ainda a atuação do nosso querido Vin Diesel.

Porque, como o Maurílio falou, no Velozes e furiosos todos os atores são carecas e bombados, então tem que ter um trabalho de atuação muito bom pra você diferenciar um ator do outro. E o Vin Diesel se destaca, porque, diferente do The Rock, que usou um cavanhaque, o Vin Diesel atua de cara totalmente limpa, nem sobrancelha ele tem, nada! É tudo no olhar e no braço. Tanto que ele usa camisa sem manga o tempo todo, pro braço atuar mais.

Depois do filme 5, veio o filme 6 – muito bom – e depois veio o filme 7 –, que eu não gosto de falar, porque é quando o Paul Walker morre, e até hoje me sinto culpado por não ter perguntado isso pra uma cigana que eu atropelei em Magé. Eu podia ter feito alguma coisa. Mas bola pra frente. O oitavo filme foi perfeitamente debatido e enaltecido num programa especial do *Choque de Cultura*, e recomendo a todos irem lá no YouTube pra assistir. É muito show esse programa.

Velozes e furiosos é imagem com velocidade, ou seja, é cinema puro. É a prova de que filme bom não precisa ter ideia, nem enigma, nem mapa, nem criança desaparecida. Filme bom é carro e carro e carro e carro e pronto!

VELOZES E FURIOSOS
(FRANQUIA)
Ação, crime, thriller
2001–2017
Diretores: Rob Cohen, Justin Lim, John Singleton, James Wan, F. Gary Gray
Com: Michelle Rodriguez! Charlize Theron! Jason Statham! The Rock! Paul Walker! E Vin Diesel!!!
Duração: 1h46

18.

Saga Crepúsculo

Deixem o jovem se maquiar!

por **Maurílio dos Anjos**

Mundialmente conhecida como "Malhação com vampiros", esse spin-off da série adolescente mais amada do Brasil fala sobre o amor proibido entre uma jovem e um rapaz excessivamente maquiado. Porque a dieta do vampiro sendo composta apenas de sangue, apesar de rica em ferro, provoca deficiência de certas proteínas que ajudam a manter a pele saudável. Uma cútis destruída e assassinar uma pessoa todo dia pra se alimentar é o preço que se paga pela vida eterna.

Esse drama, já amplamente explorado no cinema mundial em filmes como *Edward mãos de tesoura* e *O labirinto do fauno*, retrata o preconceito à maquiagem masculina – algo comum em países mais desenvolvidos, onde não é mais necessário trabalhar. Lá os jovens passam as noites nas chamadas "baladas" e dormem de dia, sem nunca pegar sol, daí a necessidade da maquiagem. Infelizmente se maquiar e não trabalhar são hábitos pouco aceitos no Brasil. Qual o problema de um jovem colocar um pó na cara, tatuar uma sobrancelha ou viver toda a vida às custas da avó?

A primeira vez que me maquiei, ainda com 13 anos, entendi o poder dessa técnica milenar. O que é um pó na cara perto de uma pele perfeita? O que é um pouco de blush perto de bochechas coradas? O que é um bigode falso perto de passar despercebido pelo agiota que está te ameaçando de morte?

O jovem maquiado é tão gentil com a namorada que ele até se afasta dela pra fazê-la feliz, pois todos sabem que o relacionamento a longa distância é a forma mais segura de se relacionar, pois evita discussões, gravidez e outras doenças sexualmente transmissíveis. A jovem entra em depressão e acaba se apaixonando por um cachorro, o que é normal entre jovens em depressão. Mas aí ela anda de moto, se joga do penhasco e tenta se matar com manobras radicais só pra superar o amor por um homem maquiado.

O século XXI realmente não está preparado pro homem do século XXI.

CREPÚSCULO
(TWILIGHT)
Ação, crime e bem-estar
2008
Diretor: Catherine Hardwicke
Com: Kristen Stewart, Robert Pattinson, Guguli
Duração: 2h02

19.

Dança com lobos

Um filme longo pra caralho

por **Julinho da Van**

Achei a história de *Dança com lobos* muito chata. É sobre um soldado que é condecorado no Exército mas escolhe ser transferido pra um lugar abandonado no meio do velho oeste porque quer ver a fronteira. Que porra é essa de fronteira, meu irmão? Ele tava achando que tinha uma linha no chão pintada de cal? Burro pra cacete. Mas beleza. O filme continua, e o cara fica amigo dos índios. Até aí tudo bem, porque índio normalmente é gente boa mesmo.

O resto do filme é o Kevin Costner passeando de cavalo, falando com os índios, pescando. Fazendo aquilo que ele sabe fazer de melhor, que é ficar tranquilo na dele, tanto que ele nem faz filme mais só pra se dedicar exclusivamente ao ócio. Aí, do nada, chega o Exército tocando o terror, até porque ninguém bota soldado em filme se não for pra ter tiroteio. Mas o fato é que o Kevin fica do lado dos índios. Nada mais natural. Afinal de contas, ele tava colando na tribo direto, então era de se esperar que ele ajudasse os brothers nessa hora difícil.* Aí a porrada come e é isso aí. As cenas de guerra são todas em plano fechadinho, porque, como os Estados Unidos dizimaram todos os índios, infelizmente não sobraram muitos pra aparecer no filme.

---

* O dia que o Faustão fizer um arquivo confidencial do Kevin Costner, o que vai ter de índio falando bem dele não vai ser brincadeira.

Pelo menos *Dança com lobos* foi dirigido pelo Kevin Costner, que, como ficou demonstrado aqui, é um cara maneiro. O único ponto positivo no fato do filme ter quatro horas de duração é que sai muito mais barato pagar meia num *Dança com lobos* na segunda à noite do que fechar um período de quatro horas no motel. E chegando tarde e pegando aquela última fileira da ponta, você que tá sem dinheiro vai fazer a festa. Falei que o Kevin era um cara maneiro?

De resto, a prova definitiva de que o filme é uma merda é que eu não tenho mais porra nenhuma pra falar sobre ele. A crítica nem ficou grande.

Pelo menos não é um musical. Temos que dar mais esse crédito pro Kevin.

DANÇA COM LOBOS
(Dances with wolves)
Aventura, drama, western
1990
Diretor: Kevin Costner
Com: Kevin Costner, Mary McDonnell, Graham Greene
Duração: 3h01 (não termina nunca!)

20.

Brilho eterno de uma mente sem lembranças

Adam Sandler boicotado mais uma vez

por **Renan**

Só quem já teve um carro danificado numa enchente sabe que ele nunca mais será o mesmo. A enchente é um trauma na vida do automóvel e, por mais que a gente resolva todos os problemas decorrentes do desastre, o carro sempre vai carregar em si as marcas desse afogamento. O mesmo acontece quando uma pessoa ama outra e é abandonada por ela. É trauma pro resto da vida.

Brilho eterno de uma mente sem lembranças aborda esse tema complexo, trazendo à tona uma discussão importantíssima sobre o que fazer quando se é abandonado por alguém. O primeiro passo pra seguir adiante é esquecer o outro, e nada mais óbvio do que bater a cabeça repetidamente contra a parede.

Decididos a se esquecerem, Joel e Clementine procuram um médico que apaga memória. Clementine apaga totalmente Joel de sua memória, mas algumas falhas no tratamento do Joel apagam Clementine apenas parcialmente. Daí em diante, Joel não sabe mais quem é Clementine, mas, toda vez que ele a vê, se apaixona de novo por ela e precisa conquistá-la novamente, num claro plágio de um filme do Adam Sandler que é igualzinho, só que mais engraçado. O Adam Sandler administrou muito melhor porque leva tudo na risada.

Eu vivo dizendo que esses filmes muito pra baixo têm sempre que botar um Adam Sandler pra dar uma levantada no astral.

Aquele que a Björk é cega, por exemplo... Imagina o Adam Sandler nesse papel! Trombando em parede, caindo em bueiro, aprontando a maior confusão! Sem falar que a Björk nem deve ter DRT. O que ninguém diz é que o Lars von Trier boicota completamente o Adam! Nenhuma leitura ele sequer deve ter tido a chance de fazer! Fica aqui a minha revolta.

 **INFORMAÇÃO** Uma dica legal é abandonar a pessoa antes dela abandonar você.

BRILHO ETERNO DE UMA MENTE SEM LEMBRANÇAS
(ETERNAL SUNSHINE OF THE SPOTLESS MIND)
Drama, romance, ficção científica
2004
Diretor: Michel Gondry
Com: Jim Carrey, Kate Winslet, Tom Wilkinson
Duração: 1h48

21.

K-9 – Um policial bom pra cachorro

Cachorro viciado dá a volta por cima

por **Rogerinho do Ingá**

Sempre fui fã de filme de cachorro, como aquele do Beethoven, aquele do Marmaduke, o da Lassie, o do Scooby-Doo, o do lobisomem que joga basquete, o do lobisomem que vai pra Londres, os dos dálmatas e os dos Gremlins.

E hoje o cachorro evoluiu demais, é praticamente um ser humano. O cachorro usa roupa, come lasanha e até anda de skate – se for um cachorro jovem. E o cachorro ainda tem uma vantagem em relação aos humanos que é poder urinar na rua, algo que a prefeitura inventou de proibir nos últimos anos. Mesmo se não pegar em ninguém!

Mas, de todos os filmes de cachorro que eu já vi, o *K-9* é o meu preferido, porque mostra que até um cachorro pode se regenerar. Eu comecei a ver revoltado e terminei chorando, sendo que no meio achei muito bom. Foi uma montanha-russa de emoções que custou o videocassete, pois assisti com um pedaço de pau na mão e fiquei nervoso.

Eu comecei a assistir pensando que era filme de cachorro-robô – porque, quando tem letra e número no título, é filme de robô, não tem discussão. No Japão, inclusive, já existe cachorro-robô. Ele tem um sensor que percebe quando você está triste e te morde, pra você ficar bravo. É sempre melhor ficar bravo do que ficar triste. E, se você for ver, o drone é uma espécie de cachorro-robô também, só que voa. O cachorro de verdade quase nunca voa.

Mas o filme não era de cachorro-robô, era sobre um cachorro policial que trabalha farejando droga. Aí começou o drama. O cachorro, que era funcionário público e era obrigado a trabalhar, tinha que cumprir sua função de ficar cheirando droga o tempo todo. Todo tipo de droga! Ou seja, na primeira semana de trabalho, estava totalmente viciado sem ter tido culpa nenhuma! Por puro capricho da polícia, que não consegue treinar um policial pra farejar droga. E, com isso, o cachorro não conseguia descansar, queria trabalhar o tempo todo pra usar cada vez mais droga! Fazia hora extra todo dia! Eu tentei alertar sobre esse drama, mas fui cortado!

A sorte é que o K-9 foi promovido e passou a investigar crimes — até porque tá cada vez mais difícil demitir um concursado drogado. Foi um momento de alívio pra mim e também uma lição pra um monte de cachorro e pra um monte de ser humano por aí!

E tem mais: se você parar pra pensar, quando o diretor gritava "ação!", o K-9 tinha que atuar, realizar as cenas, morder as pessoas certas. Ou seja, um comando a mais que ele teve que aprender. Esse K-9 devia ser superdotado que nem a Lassie. E não é difícil saber se um cachorro é superdotado. É só dar um cubo mágico pra ele. Se ele comer, não é.

Falando em alimentação, que este livro também vai falar de alimentação, muita gente criticou o filme SEM RAZÃO porque o rapaz lá, parceiro do K-9, dava hambúrguer pro cachorro comer. Só que, lá nos Estados Unidos, a maioria dos hambúrgueres já é feita com comida de cachorro pra não ter esse problema. Então, errada essa crítica! E mais errado ainda é o Maurílio, que compra Yakult e dá pra cachorra dele beber. É muito burro! Ele não sabe que dá pra fazer Yakult em casa?! O Renan passou a receita: tu pega um copo de leite, de preferência de vaca, e põe pra pegar sol; uma semana depois, é só colocar açúcar. Pronto! Só não é recomendado pra quem tem alergia a lactose. E pra algumas pessoas que não têm também. E pra cachorro.

Pra finalizar, depois do sucesso de *K-9*, e provavelmente da recaída do animal – que sumiu – proibiram filme com cachorro, disseram que não pode colocar mais nenhum bicho em situação de perigo. Agora só pode filme com criança, que não é sindicalizada. Correto isso!

K-9 – UM POLICIAL BOM PRA CACHORRO

(K-9)
Ação, comédia, cachorro
1989
Diretor: Rod Daniel
Com: Jim Belushi, Mel Harris, Kevin Tighe
Duração: 1h41

22.

Beleza americana

Memórias de um velho tarado

por **Maurílio dos Anjos**

O casal principal composto por Lester e Carolyn passa por uma crise, e todos sabem que, pra uma pessoa casada, nada é mais prazeroso do que fazer amor com qualquer outra pessoa com quem você não esteja casado. E nessa trama recheada de traições, de jovens iniciando a vida adulta e de adultos se comportando como crianças, vemos a cortina de fumaça se dissipando, revelando que aquela família aparentemente imperfeita é igual a qualquer outra família, ou seja, uma bosta.

Por causa disso, o espectador desatento pode achar essa película entediante por retratar o cotidiano de uma família comum, que, apesar de americana, tem hábitos muito parecidos com o núcleo familiar brasileiro, como adultério, uso de drogas, espancamentos, homossexualidade reprimida, culto ao nazismo, assassinato e sofá plastificado.

Destaque pra atuação digna de Oscar da sacola, uma cena poética, uma metáfora sobre o vazio existencial. E, se o leitor refletir, verá que, assim como a sacola, ele também é vazio por dentro, mas não voa.

Embora tenha ganho o Oscar de melhor filme, vinte anos depois, percebemos que a história de um homem de meia-idade que começa a malhar pra se aproveitar sexualmente de menores de idade, na verdade, era um documentário sobre a vida do Kevin Spacey.

BELEZA AMERICANA

(AMERICAN BEAUTY)
Drama
1999
Diretor: Sam Mendes
Com: Kevin Spacey, Annette Bening, Thora Birch
Duração: 2h02

23.
American Ninja
Mais que um filme, vários
por Julinho da Van

Assim como a banda O surto era um genérico do Charlie Brown Jr. e galgava o sucesso na marola do Chorão com hits como "Me pirou o cabeção" e algum outro que nunca saberemos,* American Ninja foi um genérico de American Kickboxer e tentou, com o recurso do título parecido, confundir adolescentes e crianças nas prateleiras das videolocadoras. O que não foi uma tarefa muito difícil, porque adolescente é tudo burro, e criança, mais ainda.

Eu era um desses adolescentes burros, mas com um diferencial: me tornei campeão infantojuvenil do mundialito de tae kwon do de Jacarepaguá aos 13 anos. Fui até a faixa marrom na academia do professor Geferson Coqueiro no Jacarepaguá Tênis Clube. Mestre Geferson ganhou esse apelido por ter a capacidade de realizar a façanha de quebrar o tronco de um coqueiro com a canela. Apesar de ter feito isso apenas uma vez e por isso ter ficado incapacitado de competir, dar aulas e de caminhar normalmente, mestre Geferson Coqueiro permaneceu forte em casa assistindo a filmes de luta até vir a falecer de enfisema pulmonar aos 42 anos. O apelido ficou e foi passado pro filho dele, Douglas, que nunca chegou a quebrar um coqueiro com a canela, mas seguiu os passos do pai e faleceu em um acidente doméstico recentemente. O apelido agora tá vago.

* Mas eu sei, "Io Iô".

Como já deve ter ficado claro, eu não era um mero apreciador das artes marciais no cinema, eu era um especialista. Com uma consciência que nunca mais demonstrei posteriormente na vida, abri mão dos filmes de kickboxer e de tudo que aprendi com o professor Geferson e me deixei levar pelo submundo dos filmes de ninja. E a prova de que eu tava certo é que American Ninja acabou se tornando uma franquia muito mais lucrativa que American Kickboxer, com cinco continuações no total (American Kickboxer parou no 2), e claramente se beneficiou com o desgaste da cultura kickboxer, que aos poucos foi se perdendo em títulos como *Kickboxer I*, *Kickboxer II*, *Kickboxer III*, *Kickboxer IV* e *Kickboxer V*, *Irmãos Kickboxer*, *Rei dos Kickboxers*, *Caçador de Kickboxers*, *Espião Kickboxer*, *Duplo Kickboxer*, e *Kickboxer do futuro*. Diante desse cenário, American Ninja já nasceu com uma grande vantagem: não tinha a palavra "kickboxer" no título.

Além de se destacar nas prateleiras das locadoras, American Ninja ainda apresentou ao mundo do cinema uma nova estrela: Michael Dudikoff, uma espécie de Patrick Swayze das artes marciais. Michael brilha nesse filme interpretando o tal ninja americano do título, revitalizando a profissão de ninja e quebrando muitos pescoços com rodopios. É impressionante a capacidade do Michael de quebrar pescoços. Tem pescoço quebrado com a perna, pescoço quebrado com as mãos, pescoço quebrado debaixo d'água, pescoço quebrado a pescoçadas. Um balé de pescoços quebrados e pulos de árvores, o que também é um grande momento dos filmes de ninja. Pular de árvore é uma matéria obrigatória no supletivo do ninja. É uma matéria que prende todas as outras. Se o cara não for aprovado em pulo de árvore, ele não consegue fazer a matrícula em nunchaku.

American Ninja me influenciou muito e abriu minha cabeça pra uma nova visão de mundo. Não pretendo ser pai, mas, se por acaso um dia eu assumir um filho meu, vou fazer de tudo pra ele ser uma criança ninja e ajudar na segurança e no orçamento da casa.

— dedicado ao professor Geferson Coqueiro —

 Nunca fizeram um filme de artes marciais com judô, porque no judô você precisa que o seu inimigo também esteja usando uma roupa de judô pra ser golpeado, o que torna bastante improvável que um policial ou herói especialista em judô consiga ajudar em alguma coisa. Talvez, se o governo distribuísse quimonos pros bandidos, eles poderiam ser devidamente espancados pelo judoca responsável por manter a lei e a ordem na cidade. Mas falta visão aos nossos governantes. Um país de mentalidade atrasada como o Brasil jamais faria esse tipo de investimento. Só podemos lamentar e esperar que este livro abra os olhos dos nossos políticos.

GUERREIRO AMERICANO
(AMERICAN NINJA)
Ação, aventura, romance e pescoços quebrados
1985
Diretor: Sam Firstenberg
Com: Michael Dudikoff, Steve James, Judie Aronson
e mais uma porrada de ninja
Duração: 1h35

24.
Os Goonies

Crianças sem supervisão dos pais: uma história que sempre acaba mal

por **Renan**

Se você deixar seus filhos soltos por aí, o que pode acontecer? Evidentemente eles vão sair caindo em buraco, metendo a mão em parede gosmenta e fazendo amizade com criminoso deformado. E, se der liberdade, fazem até casa na árvore! Esse é o questionamento trazido pelo filme *Os Goonies*, que em português não significa absolutamente nada.

O suspense sobre sete garotos que saem por aí mal agasalhados deixa o espectador apreensivo o tempo inteiro. Até porque, além de tudo, eles saem nesse monte de aventura pra pagar aluguel atrasado e evitar o despejo, sendo que todo mundo sabe que, pra evitar o despejo, o único jeito é participar de um concurso de dança cujo prêmio é exatamente quanto eles estão devendo.

Mas o meu maior medo é sempre o de que uma criança dessas se alimente mal ou coloque porcaria no olho, porque nem todo produto que não pode ser colocado no olho vem com essa especificação na embalagem. Outro dia mesmo o meu filho estava brincando com água sanitária na cozinha, absolutamente tranquilo, e teve o bom senso de me perguntar antes se podia jogar no olho. Eu li ATENTAMENTE a embalagem, e não havia nenhum desaconselhamento nesse sentido. Ele obviamente jogou, sob minha supervisão, e foi aquela gritaria dentro de casa! Tem que vir escrito, fica meu apelo aqui, eu não sou especialista em água sanitária! Não é igual a ingerir, que todo mundo sabe que tem que olhar a data de validade antes! O olho é um órgão muito mais misterioso do que o estômago.

Mas a verdadeira confusão aprontada pelas crianças Goonies estava reservada pro final. Eles aparecem (todos molhados e no sereno!) com um monte de ouro não declarado e entregam tudo aos pais, sem explicar nada!

O fato é que sempre pagamos pelas consequências das confusões armadas pelas crianças. Na hora de deixar na escola, eles fingem que não têm família, mas, quando tem que soprar bafômetro ou dar explicação de sonegação, sobra pro pai. E se perguntarem onde foi achado esse dinheiro? É pra dizer o quê, que foi num navio? E cadê esse navio? Ah, era um navio fantasma que já foi embora, e a única testemunha era aquele rapaz Slot? Só pode ser brincadeira! Os Goonies 2 certamente seria um filme de tribunal. Caso complicadíssimo.

Entretanto, mesmo com todos esses problemas, a lição que essa história nos ensina — de que não devemos deixar nossos filhos soltos — vai muito além dos 114 minutos do filme. É só observar os Goonies hoje em dia: drogados, DJs, atores de teatro, designers. E todos, evidentemente, sem a supervisão dos pais. A missão de um pai de ator mirim é uma das mais complexas e ao mesmo tempo mais belas da sociedade. Um misto de motorista com secretário, mas que pode ser resumida nessa palavra que começa com a letra P. Uma palavra que representa algo que todo mundo tem ou teve, aquela palavra tão preciosa que faz essas crianças serem os profissionais que somos hoje:

Procurador.

 O nome do personagem principal dos *Goonies* é Mikey Walsh, e seu irmão se chama Bran-

don, ou seja, "Brandon Walsh", o mesmo nome do protagonista de *Barrados no baile*.

OS GOONIES
(THE GOONIES)
Suspense
1985
Diretor: Richard Donner
Com: Sean Astin, Josh Brolin, Jeff Cohen
Duração: 1h54

25.
Relatos selvagens

Confuso pra caralho!

por **Rogerinho do Ingá**

O cara tava com a faca e o queijo na mão pra fazer um filmaço, só com coisa boa: carro, briga, explosão, atropelamento, Detran. Mas me faz uma besteira. Bota tudo fora de ordem, mistura cena, some com personagem… pra quê?!

O filme começa até bem, com um avião indo atropelar dois idosos. Só que, na hora do atropelamento de fato, o filme não mostra! Ninguém sabe! O cara corta do nada pra um boteco com comida estragada, que o cliente morre. Mas o que aconteceu com os idosos?

Enfim, por mim tirava toda essa parte do avião envenenado e começava já na briga dos dois motoristas na estrada, que inclusive é a parte mais legal do filme. E é a minha área de atuação, conheço muito bem o assunto e posso falar. As pessoas têm que entender que todo motorista tá certo, então é difícil você chegar num acordo. Geralmente a razão só aparece depois de muito xingamento e algumas agressões. E o filme mostra bem isso. Os dois motoristas tinham tanta certeza de si, que só um cocozão no para-brisa foi capaz de encerrar aquela discussão. Mostraram certinho mesmo como a vida é! E quantas guerras poderiam ter sido evitadas simplesmente cagando nas coisas?! Deixo essa reflexão aí. Muitas.

O problema é que a cena termina com os dois caras queimados abraçados, mas, quando vai pro casamento, é outro casal! Estragaram o filme de novo! Por que não filmaram o casamento do casal carbonizado? Muitas histórias de amor começaram em brigas de trânsito, e ninguém apoia isso! Não tem incentivo. E outra: o casamento que filmaram, com noivos alcoolizados, traição, garrafada, divórcio, reconciliação e briga de família, isso é o que mais tem por aí. Todo casamento é assim. Filmaram à toa.

Quando mudou pro atropelamento, eu já tava na porta da sala pra me retirar do cinema, mas voltei porque me impressionou como o atropelamento é tratado na Argentina. Lá, se você atropela um pedestre, sai em todos os jornais, passa em todas as TVs, você fica famoso e recebe várias propostas financeiras. Existe a valorização do profissional de trânsito. Vai atropelar alguém aqui no Brasil pra você ver! Não sai nem uma nota no jornal. Nada! E logo, logo aparece um oficial de justiça querendo tirar um dinheiro de você! É revoltante!

Tanto que quem salva o filme é aquele Tony Ramos argentino lá, que, depois de ser multado INJUSTAMENTE, acabou fazendo a coisa mais certa que um cidadão de bem pode fazer numa cidade grande: foi lá e explodiu o Detran. Perfeito!

RELATOS SELVAGENS
(RELATOS SALVAJES)
Comédia, drama, thriller (pra que tanto gênero?!)
2014
Diretor: Damián Szifron
Com: Darío Grandinetti, María Marull, Mónica Villa
Duração: 2h02

26.
Tropa de elite
Tortura policial pra toda a família
por **Maurílio dos Anjos**

Essa grande bilheteria nacional quase não aconteceu por causa das incontáveis mudanças durante a produção. O diretor Zé Padilha sempre foi muito fã da franquia do RoboCop e queria que o personagem do Wagner Moura fosse um robô maluco com a missão de subir os morros torturando moradores que tinham DVDs piratas em casa. Mas os produtores ficaram inseguros e acharam que o público brasileiro não ia gostar de ver um robô torturando pessoas pobres por causa de DVDs piratas e optaram por uma trama mais leve e comercial: policiais do Bope torturando pessoas pobres pra acabar com a violência causada pelo tráfico.

Outra coisa que mudou muito da versão original foi a narração, que a princípio não seria do capitão Nascimento, e sim do Cid Moreira, que, assim como a tortura, atrairia um público católico praticante. E veríamos o filme do ponto de vista do traficante morto no final, dando um toque espírita. Pra completar, todos os personagens seriam destemidos pastores evangélicos, donos de clínicas de recuperação. Todos eles interpretados pelo Paulo Gustavo, e assim o filme seria a maior bilheteria de todos os tempos. Aparentemente, a confirmação do grupo Tihuana na trilha sonora foi o suficiente pra acalmar os investidores, e eles desistiram das mudanças.

Pegando o embalo da música de sucesso do grupo jovem Tihuana, o título quase mudou pra *Tropa de elite – Um osso duro de roer*.

Um amigo meu que trabalha na Globo disse que o Wagner Moura sugeriu deixar apenas *Tropa de elite* com receio do sucesso da banda ofuscar o sucesso do filme. Esse cuidado se mostrou pertinente alguns anos depois, quando Zé Padilha conseguiu finalmente realizar o sonho de fazer um remake do *RoboCop*, que, sem o som pauleira do Tihuana nas cenas de ação, acabou fracassando na bilheteria.

Tropa de elite não tem a ousadia de um *RoboCop*, mas poderia ser considerado um *Loucademia de polícia* brasileiro. A influência da franquia americana é evidente, o Wagner Moura é um amálgama de todos os personagens: violento como o Tackleberry, engraçado como o Mahoney, workaholic como o Zed e também tem belos seios como a Debbie Callahan. Uma pena *Tropa de elite* não ter se transformado numa franquia tão lucrativa quanto *Loucademia de polícia*. Seria muito divertido ver um *Tropa de elite 5 – Missão Pantanal*, com policiais do Bope numa perseguição de jet ski ameaçando introduzir cabos de vassoura no ânus de animais exóticos pra que eles delatassem traficantes ao som de outros sucessos do grupo Tihuana.

TROPA DE ELITE
Comédia e tortura policial
2007
Diretor: José Padilha
Com: Wagner Moura, banda Tihuana,
André Ramiro, Caio Junqueira
Duração: 1h55

27.

O iluminado

Um Trapa hotel com o Jack Nicholson

por Julinho da Van

Eu não consigo me envolver nesse filme nem levar nenhuma cena a sério porque tem uma falha muito grande na história. Como eu já disse no programa, bastava a mulher dar um telefonema pra polícia falando "Delegado, meu marido tá maluco aqui querendo abrir a porta do banheiro na machadada. Vem buscar ele!". Pronto, resolvia o problema. Todo mundo sabe que a PM dos Estados Unidos não é igual à daqui, não. Lá, em cinco minutos a SWAT chega na sua casa atirando.

Isso sem falar que nenhuma mãe ia deixar um filho daquela idade passeando de velocípede de madrugada num hotel mal--assombrado assim de bobeira. Se eu ficasse fazendo barulho desse jeito pelo corredor, apostando corrida com fantasma na hora da novela ou do resultado parcial da Tele Sena, minha avó já jogava um chinelo na minha cara pra eu ficar esperto. E ela nem usava chinelo! Comprou um par só pra tacar em mim.

Tá, mas vamos dizer que eu esqueci que o telefone existe, e a mulher tá presa no hotel com o Jack Nicholson. Qualquer pessoa em sã consciência ia esperar ele dormir e meter uma faca no pescoço dele logo. O problema é que, nessa época, o Jack dormia pouco, então ela tinha que esperar bastante. Mas era o único jeito. Vai ficar esperando ele pegar um machado e destruir o hotel inteiro, que era alugado inclusive, pra se ligar que talvez ele fosse dodói?

Outra mentira é que o cara é um escritor, todo fodão… mas precisa ir lá pra casa do caralho pra escrever um livro? O cara quando é bom escreve em qualquer lugar, só precisa de papel e caneta. Às vezes nem isso. O Renato Russo escrevia letras complexas pra cacete até no banheiro. "Sou uma gota d'água, sou um grão de areia." Quem escreve coisas tão bonitas escreve em qualquer lugar. E o Renato nunca ameaçou ninguém com machado, por mais que alguns membros da banda dele às vezes vacilassem.

O iluminado não tem uma porradaria séria, um tiro, uma bomba-relógio sequer. É só o Jack Nicholson na covardia com a própria família o filme inteiro. Fica difícil apontar um ponto forte. Tem umas horas que parece até filme de imobiliária pra vender imóvel de luxo. Muita cena bonita da casa, as paredes, a mobília, o piso todo acarpetado. Só a localização que é meio ruim, longe pra burro. Então tem que ver se de repente esse tal de Stanley que o Maurílio tanto ama não fez uma permuta com uma imobiliária pra rodar o filme nesse hotel que tava à venda.

O piloto Renan trouxe a informação* de que o filme era pra ser uma comédia chamada *Deu a louca no meu marido*, mas que, como não ficou engraçado, mudaram o nome pra *O iluminado* (que não tem nada a ver com a história) e lançaram na categoria suspense. Mas o filme é previsível, já dá pra saber o que vai acontecer desde o início. Pensa comigo, só tem três pessoas no hotel: uma é criança, e ninguém assassina criança em filme, e a outra é a mocinha, e tem que ter uma mocinha viva no final. Então você já sabe desde o início que o marido psicopata vai rodar. E não dá outra. Ele roda.

Tô contando logo o final do filme que é pra você não ter que ver, porque é só isso mesmo: uma família vai pra um hotel-fazenda, o marido surta, quer matar todo mundo, e no fim a esposa foge

* Ainda não confirmada.

com o filho. Nem dá parte na polícia. É um absurdo, tem que denunciar! Não interessa se o marido tá congelado ou não. Isso é problema dele. E no final das contas ele nem escreveu porra de livro nenhum.

O ILUMINADO
(THE SHINING)
Drama, terror, casamento
1980
Diretor: Stanley Kubrick
Com: Jack Nicholson, Shelley Duvall, Danny Lloyd
Duração: 2h26

28.

RoboCop – O policial do futuro

Só mais um remake de Tieta

por **Renan**

Antes do RoboCop, todo mundo achava que combater o crime era só sair por aí mostrando o distintivo e dando cambalhota de rabo de cavalo. O RoboCop, policial do futuro, não dá cambalhota. Também não tem rabo de cavalo, até porque não tem cabelo, nem a maior parte da cabeça, e também não tem tronco nem pernas nem braços. Só ficou a boquinha.

É nesse ponto que o personagem perdeu a oportunidade de ouro de aprender a cantar, já que permaneceu com a boca e a sensibilidade musical intactas. RoboCop – O musical poderia ter uma trama um pouquinho mais leve sobre um policial combatendo o crime, recuperando a própria identidade e cantando quando se sentisse sozinho durante uma patrulha. Seria um projeto perfeito pro Miguel Falabella adaptar pros palcos e se apresentar de quinta a domingo lá no teatro que tem o nome dele.

Mas a história do RoboCop é meio complicada de acompanhar. Nos anos 80 do futuro, policiais são transformados em máquinas de matar arruaceiros punks. O RoboCop é praticamente um automóvel capaz de dirigir, que já foi fabricado com carteira de motorista e tudo. Uma sociedade evoluída, onde todo mundo que fica de bobeira na rua sem carro é preso.

Num dos poucos momentos que atua sem a roupa de robô, quando ainda é chamado de policial Murphy, ele é capturado por bandidos num armazém abandonado. Logo de cara, a mão do policial Murphy vira um estrogonofe com um tiro de escopeta do pai do *That's 70's Show*, que nos anos 80 também é mau e carrancudo, mesmo não tendo mais aquele problema do filho maconheiro.

A mesma equipe responsável pelos bandidos dos filmes *Stallone: Cobra* (que na verdade se chama apenas *Cobra*, o que não faz nenhum sentido) e *Desejo de matar* foi contratada pra trabalhar nesse filme, que é um show de figurantes estilosos. Uma parte da gangue é formada por bandidos cabeludos, outra, por bandidos calvos, e mais pro meio do filme aparece um cara com o cabelo completamente descolorido. É um prato cheio pra quem gosta de moda e um pouco de ação.

Graças a RoboCop entendi que existia uma coisa chamada justiça e que, se fosse pra cometer um crime, tinha que ser escondido. A jornada do RoboCop é linda, como a história da Tieta, a princesa do agreste (a versão do Luiz Caldas, não do Caetano). Assim como a Tieta, o RoboCop é maltratado no passado, dado como morto e volta pra cidade natal em busca de vingança, assumindo uma nova identidade.

 Outros filmes de vingança que seguem a mesma fórmula inventada em Tieta: *O conde de Monte Cristo*, *Kill Bill*, *O corvo* e *A paixão de Cristo*.

ROBOCOP – O POLICIAL DO FUTURO
(ROBOCOP)
Ação, crime, ficção científica, vingança
1987
Diretor: Jorge Amado
Com: Peter Weller, Nancy Allen, Dan O'Herlihy
Duração: 1h42

29.
Te pego lá fora
Tudo que você não deve fazer numa briga de rua
por **Rogerinho do Ingá**

Esse filme é um documentário que mostra a questão da violência escolar completamente errado. Já aqui fazendo a crítica – que esse livro vai fazer a crítica – em relação a documentários que dizem que mostram a verdade, mas que não mostram.

Primeiro o tal do Buddy Revell, o brigador lá, é cheio de histórico de violência e, quando ele muda pra escola nova, fica todo mundo com medo dele, evitando falar com ele, querendo até fazer uma matéria de jornal com ele. Errado! A primeira coisa que ia acontecer se ele entrasse na minha escola era a gente chamar ele pro nosso grupo. E, se ele não aceitasse, a gente ia juntar ele na porrada. Até porque, depois da invenção da gangue e da facada nas costas, acabou a covardia na escola.

Segundo erro, o cara roubar 450 dólares da lojinha pra pagar um outro valentão pra bater no Buddy Revell. Completamente errada essa ideia. Ele podia ter roubado pra comprar um DVD player e atropelar o Buddy, enquanto estivesse vendo um desenho animado. Todo mundo sabe que quem agride por dinheiro não tem a mesma motivação de quem agride sem motivo. E não deu outra. O valentão que recebeu a grana mal encostou no Buddy e já tomou uma quebrada no dedo, um soco na cara e ficou sem dois dentes. Ou seja, eu e a sociedade brasileira que concorda comigo estávamos certos, e o filme, errado.

E o último erro foi na hora da briga final, a briga propriamente dita. O garoto mais fraco já tinha que chegar dando o primeiro soco. Isso é básico em briga de rua: o primeiro soco ninguém separa! Então você tem que bater primeiro, mesmo que apanhe depois. Mas o carinha do filme não fez isso, ele quis conversar, enrolar, bater papo, e aí se deu mal.

Ele devia ter começado correndo pra cima do grandão e partindo pro soco giratório, aquele que tio dá em churrasco de família. Ou vir sorrateiro e dar um Belmonte bem dado – Belmonte é um socão no pulmão –, ou até um Continental – que é um tapão de mão aberta no meio das costas – pra tirar o ar do gigante e depois finalizar com uma barra de ferro.

Ou até podia ter começado disfarçando, mãos levantadas, pedindo perdão e, quando chegasse perto, já metia o "peitinho de jacaré" nele! Até porque o fortão usava blusa branca, agarradinha, que é perfeita pra esse golpe. Pra quem não conhece, o "peitinho de jacaré" é assim: tu belisca a camisa do idiota na altura do mamilo e gira várias vezes no teu próprio eixo, sem soltar a blusa, como o jacaré faz com a girafa, por exemplo. Quando você parar, a blusa do cara vai ficar com um peitinho murcho falso, desmoralizando ele na hora. Quem já tomou, sabe. E enquanto o grandão fica desatento, tentando tirar o peitinho murcho, tu espanca ele. É fácil.

TE PEGO LÁ FORA
(THREE O'CLOCK HIGH)
Comédia
1987
Diretor: Phil Joanou
Com: Casey Siemaszko,
Annie Ryan, Richard Tyson
Duração: 1h41

30.
Free Willy

Amizade colorida não dá certo

por **Maurílio dos Anjos**

Tive a oportunidade de assistir a esse filme três vezes essa semana e, em cada uma, interpretei de uma forma completamente nova. Essa é a mágica das grandes obras cinematográficas.

Na primeira vez, achei tratar-se da história de uma baleia infeliz que se transforma na melhor amiga de um garoto também infeliz. Juntos, eles compartilham uma amizade cheia de aventura e depressão. E a sociedade não aceita isso bem. Imagine uma praia num belo dia de sol. Você e um golfinho conversam, ele tem um papo muito legal, e daí chegam seus pais e arrancam o bicho de você pra fazer uma moqueca. E você é obrigado a comer a moqueca em que seu grande amor é o ingrediente principal, senão sua mãe não deixa você comer a sobremesa. Porque você até gostava do golfinho de verdade, mas gosta mais da musse de maracujá da sua mãe. E, olhando agora pra praia, vendo as ondas quebrando sobre as pedras, as gaivotas planando contra o vento e as crianças gargalhando enquanto o sol se põe, eu lembro que meu grande amor morreu, e eu comi ele.

Já na segunda vez que vi, percebi que a película homenageava o circo, só que na piscina. Com suas manobras radicais, as baleias são as verdadeiras precursoras do Le Parkour.

Na terceira vez, não vi ali uma história de amizade entre criança e baleia, e sim um relacionamento extremamente abusivo por parte da baleia, que estava apenas esperando o garoto crescer pra devorá-lo, história parecida com a de João e Maria, enjaulados pela bruxa até engordarem. Igual a quando a amiga da minha avó esperou eu completar 14 anos pra me convidar pra jogar baralho na casa dela.

Mas uma coisa é comum às três interpretações: em todas elas a baleia fica livre, já o garoto, não. Na emblemática cena final, vemos o salto da baleia pra liberdade e o tropeço da criança rumo à solidão. É o que sempre acontece quando nos apaixonamos por animais selvagens.

FREE WILLY
(FREE WILLY)
Aventura, drama e pesca
1993
Diretor: Simon Wincer
Com: Jason James Richter, Lori Petty,
Michael Madsen, Willy
Duração: 1h52

31.

Comando para matar

Metralhando figurantes
em busca da paz de espírito

por **Julinho da Van**

Cansado de matar em nome da democracia, Schwarzenegger vai morar em Visconde de Mauá com a filha, mas ela é raptada e ele tem que largar a vida de dono de casa e voltar a ser uma máquina assassina extremamente bem-lubrificada antes que sua ex-esposa descubra, brigue com ele e ligue pro advogado. Imagina o que ele não ia ter que ouvir. Sorte que, mesmo querendo levar uma vida pacífica, ele ainda tinha uma bazuca guardada, provavelmente na garagem, junto com um Ab Isolator* do Tony Little e uma lata de thinner. E bazuca é a melhor arma que tem, porque, mesmo errando, você acerta. Explode tudo. Tinha que ser mais usada a bazuca.

Uma curiosidade legal é que esse é o filme com mais gente morrendo que existe. Mais até que *Titanic*. O diretor chegava no figurante e dizia: "Aí, irmão, entra correndo, dá um pulo e morre. Depois pode ir ali pegar o kit lanche." E a atriz que fez a filha dele, se eu não me engano, é a Shakira.

O filme chama *Comando para matar* porque nessa época o Schwarzenegger era treinado por um adestrador de cães e seguia algumas instruções básicas: matar, rolar no chão e puxar Boeing com a boca. Depois ele acabou até sendo alfabetizado e passou

---

* Ou Ab Shaper, dependendo do tipo do abdominal que você quer trabalhar.

a fazer filmes mais complexos, como *Um tira no jardim de infância*, *Conan*, e aquele que ele engravida. Mas não cabe aqui a gente criticar.

Tem uma hora lá pro fim do filme que ele passa aquela camuflagem verde no corpo todo, mas aí fica escondido atrás de um muro de tijolo vermelho. Não entendi. Deve ter passado só pra se proteger do sol, porque tinta de camuflagem já vem com protetor solar misturado, qualquer um que viu *Rambo* sabe disso. O Rambo não descasca. E se precisar descascar, ele se descasca na base da faca. Mas no caso do Schwarzenegger é diferente. Ele é muito sensível ao sol, então deve ter usado um protetor solar fator 50 pra cima, porque senão até o final do filme ele ia ficar com uma marca de queimadura no formato de um AK-47 nas costas. Ia ser difícil conseguir embarcar de volta pra casa com uma metralhadora desenhada nas costas (ele viaja sem camisa, pra mostrar o shape), e ele teria que matar um monte de gente no guichê do aeroporto pra finalmente conseguir viver a vida pacata que tanto sonhou.

Bem mastigadinho pra você: *Comando para matar* tem assassinato no shopping, na concessionária, no barco, no avião, no quarto de hotel e na casa de praia. Se você gosta de assassinato, vai fazer a festa com esse filme. E tem romance também!

Mas é basicamente assassinato.

COMANDO PARA MATAR
(COMMANDO)
Ação, aventura, thriller
1985
Diretor: Mark L. Lester
Com: Arnold Schwarzenegger,
Rae Dawn Chong, Dan Hedaya, Shakira
Duração: 1h30

32.

Whiplash

Uma sereia em minha vida

por **Renan**

A princípio idealizado pra ser a sequência de *Escola de rock*, *Whiplash* se chamaria *Escola de jazz*, com as crianças que antes tinham a vida inteira pela frente, incentivadas por um professor carismático, agora retratadas como adultos deprimidos e humilhados diariamente por um professor psicótico. Uma ideia excelente.

Mas, infelizmente, o jovem hoje não valoriza o professor psicótico, de modo que a tônica da trama é o confronto entre aluno e educador. Nada que uma reunião de pais e mestres não resolvesse, mas ninguém vai pagar ingresso pra ver uma reunião de pais e mestres do filho dos outros.

E *Whiplash* é muito mais do que apenas uma espécie de *Karatê Kid* do jazz. É um caldeirão de referências em ebulição. Inclusive, quem for atento aos detalhes vai perceber que, a caminho da apresentação, o protagonista morre num acidente automobilístico, mas seu espírito segue seu destino e se apresenta na competição. Ou seja, é também um filme espírita. Não é à toa que foi um campeão de bilheteria, uma obra que contempla tantos estilos de sucesso.

Os espíritos inclusive fazem as coisas muito melhor do que a gente, e por isso escrevem tantos livros bem-sucedidos, dando dicas sobre as coisas e ensinando as pessoas a pensar do jeito certo. Parece até que agora tem que botar pepino na água, pra ter saúde.

A água absorve as propriedades medicinais do pepino, e aí você bebe a água e joga o pepino fora.

 Acabei de receber a informação aqui de que *Whiplash* não foi um campeão de bilheteria. Mas, mesmo assim, parabéns.

WHIPLASH – EM BUSCA DA PERFEIÇÃO
(SCHOOL OF JAZZ)
Drama, música
2014
Diretor: Damien Chazelle
Com: Miles Teller, J.K. Simmons, Melissa Benoist
Duração: 1h47

33.
Mad Max 2 –
A caçada continua

No mundo pós-apocalíptico não existe César Tralli

por **Rogerinho do Ingá**

Filmaço da época em que o Mel Gibson se contentava em interpretar pessoas violentas movidas pelo ódio na ficção, e não na vida real e nos telefonemas que ele dá.

Esse filme fala da história de um cara que vai abastecer o carro, mas percebe que uma bomba atômica destruiu todos os postos de gasolina. Errado! Não pode jogar bomba atômica perto de posto, porque explode. Isso é básico. Eu até achei estranho ser bomba atômica, mas o Maurílio me explicou. É que o filme é na Austrália, e lá não dá pra saber se já teve o apocalipse ou não: é tudo deserto, cheio de gente brigando e tomando picada de cobra.

Enfim, a mensagem do filme é que, no futuro, a coisa mais importante será a gasolina. Finalmente! Quem guardar água vai ter que jogar água fora, porque não existe carro a água, otários. E vai ter muita gangue. Nesse caso, uma alternativa seria o Mel Gibson dirigir um carro mil, que consome menos combustível, mas aí ele não teria motor pra escapar do vilão – que é muito bem interpretado pelo ator Jason.

Mas a grande sacada do herói é ficar amigo do dono do posto de gasolina. Dica importante essa pro pessoal mais bobo. Eu, por exemplo, sou amigo do dono de um posto na Vinte e Dois de Novembro, e isso me rende várias vantagens, seja na hora de abastecer, comer um lanche ou me livrar de uma arma de fogo. É no posto que o Mel conhece o Feral Kid, uma criança-frentista pré--histórica que se comunica através de mordidas. Me lembrou o Renanzinho. Mas achei o vilão injustiçado. Ele só queria abastecer o carro dele e o da gangue de psicopatas dele, que é o certo de qualquer gangue.

Mad Max é uma grande denúncia sobre o cartel da gasolina. Hoje, pra fazer uma denúncia dessas, você avisa o César Tralli e ele faz uma matéria com câmera escondida pra você. Já no *Mad Max* não existe César Tralli – não fica claro se ele morreu ou se só mora em Miami, o que dá no mesmo –, e o Mel Gibson é obrigado a recrutar um grupo paramilitar e matar todo mundo. Seja do jeito que for, o importante é exercer a cidadania.

No final, o dono explode o posto, pega a grana do seguro – devia estar no seguro – e vão todos pra praia. Menos o Mel Gibson, porque ninguém avisou antes e ele não tinha levado sunga. Em 2015 fizeram um remake de *Mad Max* que se passa em um mundo no qual o Mel Gibson não existe. Nesse mundo, *Máquina mortífera* só tem a história do Danny Glover se aposentando e ficando tranquilo em casa fazendo gaiola pra passarinho.

MAD MAX 2 — A CAÇADA CONTINUA
(MAD MAX 2)
Drama
1981
Diretor: George Miller
Com: Mel Gibson, Bruce Spence,
Michael Preston, Jason
Duração: 1h35

34.

Vovô sem vergonha

Um documentário sobre um velho normal

por **Maurílio dos Anjos**

O dia a dia de um idoso que passa o filme fazendo coisas de idoso, como odiar o cônjuge, enfiar a genitália em máquinas de refrigerantes e ensinar preconceitos pro neto.

VOVÔ SEM VERGONHA
(BAD GRANDPA)
Documentário
2013
Diretor: Jeff Tremaine
Com: Johnny Knoxville, Jackson Nicoll
Duração: 1h32

35.
Laranja mecânica
Não tem uma laranja no filme!
por **Julinho da Van**

Eu fui assistir a esse filme pensando que era sobre a seleção da Holanda de 1974, aquele timaço com o Cruyff no meio de campo e mais vários outros jogadores, um dos times mais velozes que já existiu. Mas, por mais que o estilo de jogo deles fosse inusitado e imprevisível, depois de uma meia hora, comecei a desconfiar de que não era um filme sobre futebol. *Laranja mecânica* é, na verdade, tipo uma novela *Carrossel* que o SBT convidou o tal do Stanley Kubrick pra dirigir.

Na novela *Carrossel*, talvez até por uma questão de inexperiência, a criançada matava aula dentro da sala, conversando o tempo inteiro sem aprender nada. Já em *Laranja mecânica*, é como se todos os personagens fossem a Maria Joaquina, cheios de maldade no coração. E por isso mesmo eles matam aula cometendo crimes perversos e sendo presos, o que é uma tática muito mais eficiente, porque todo presidiário fica automaticamente liberado de qualquer atividade social. Assim que você entra na cadeia, já consegue um atestado.

Não consegui terminar de ver *Laranja mecânica* porque todo filme desse maluco desse Stanley é a mesma coisa: chato pra caralho. Mas como eu tenho o compromisso com quem comprou o livro e admira meu trabalho como profissional da crítica, vou deixar meu panorama. É um filme sobre o desinteresse do jovem pela família e pela sociedade. Tanto que, devido à ausência total de sentimentos do garotão, a prefeitura manda ele pra uma clínica de reabilitação, onde ele é forçado a entender as dores do mundo assistindo a um monte de videocassetadas sem a menor graça no cinema.* Uma alternativa muito melhor pra ressocializar o jovem presidiário é colocar ele pra ser policial. Deu certo com o Zed no *Loucademia de polícia 3*, por que não daria certo agora? Se o Stanley fosse tão genial como dizem, ele teria pensado nisso. Então a conclusão do meu panorama é esta: *Laranja mecânica* é um *Loucademia de polícia 3* que deu errado.

Só tem um ponto em que concordo com esse filme, que é essa coisa do jovem de hoje em dia ser muito insensível, não se envolver com a família. Hoje o jovem não rouba o carro do pai ou a carteira do INSS da avó pra sacar uma grana e fazer uma noitada, ele só fica em casa arrumando confusão na internet e dando despesa hospitalar, porque não se exercita e acaba ficando doente direto.

LARANJA MECÂNICA
(A CLOCKWORK ORANGE)
Crime, drama, ficção científica, vandalismo
1971
Diretor: aquele Stanley de novo
Com: Malcolm McDowell, Patrick Magee, Michael Bates
Duração: 2h16

* E olha que é muito difícil uma videocassetada não ter graça, hein. Gosto de quase todas, menos as de batida de carro. Nesse caso, eu evito rir até saber a extensão dos danos ao veículo. Minha dica pra quem tá procurando um bom filme de videocassetada é *Faces da morte*.

36.
Caçadores de emoção

Mais radical que uma prancha de cocaína a caminho da Tailândia

por **Renan**

Primeiramente, é importante deixar claro que essa crítica é sobre o filme *Caçadores de emoção* original de 1991, com Keanu Reeves e Patrick Swayze. Temos conhecimento do remake de 2015, mas no nosso entendimento não há por que fazer remake de filme bom. Remake só faz sentido quando é de filme ruim, pra refazer direito.

E o *Caçadores de emoção* de 91 é bom demais. É uma *Armação ilimitada* sem o Kadu Moliterno, um canal Off sem o Gabriel Medina. Enfim, tem todas as ausências que dão o suporte necessário prum filme dar certo.

Por outro lado, o remake é tão equivocado que botaram a gangue de ladrões roubando por uma causa social. Aí eu já abandonei o filme. E joguei uma pedra na tela do cinema, pena que acabou resvalando numa senhora. Combater injustiça social com esporte radical? Todo mundo sabe que a única maneira eficaz hoje em dia de combater injustiça social é através da música. E a gente tem que cobrar isso dos músicos do nosso Brasil, muito mais do que dos políticos! Outro dia mesmo fiz um transporte do Dinho Ouro Preto (com a regatinha dele!) pro Ding Dong e, quando perguntei se ele tava levando o nariz de palhaço, ele disse que não. Fiquei preocupadíssimo. E se pintasse uma injustiça social no caminho?

Pior! A gente sabe que o Fausto gosta de puxar um papo legal sobre voto consciente! Como o Dinho iria ironizar a nossa situação política sem o nariz de palhaço? Só não botei ele pra fora porque achei ele com um olhar meio vazio. Fiquei preocupado que ele nunca mais achasse o caminho de casa. Ou do Ding Dong, já que ele praticamente mora lá, deve ter até escova de dente e uma regata extra dele lá no Ding.

Falando em Dinho Ouro Preto, *Caçadores de emoção* é uma combinação mais explosiva que aposentado e rede social. Keanu e Patrick são adrenalina pura. A trama é sobre um agente do FBI infiltrado em meio a surfistas que escondem um grande segredo: são ladrões de banco. Uma sacada radical, porém perigosa, já que em qualquer lugar que você infiltrar um policial vai ter gente pra ele prender. Me fala um lugar hoje em dia, de casa de família a van escolar, que não tem uma documentação irregular, um corpo escondido, um parente em cárcere privado. Difícil.

Mas mesmo sem o Kadu Moliterno, o filme tem as doses de violência necessárias pra prender a respiração do espectador até o fim. Keanu está excelente como Utah, o policial que se disfarça de surfista doidão com o objetivo de prender os ladrões de banco doidões. E pra isso ele não vai hesitar em tirar do seu caminho o pior tipo de pária da sociedade que existe: o praticante de esportes radicais. Assim como o praticante de gírias radicais, o usuário de roupas radicais e o assinante de revistas radicais. No filme, o Keanu até bate no rapaz do Red Hot Chili Peppers! Policiamento eficiente é isso. O atleta radical é o maior inimigo do trânsito hoje, e nos Estados Unidos eles têm a consciência de que o trânsito é o pulmão do mundo, e não a Amazônia. Por isso eles investem em trânsito lá. Vai respirar fundo na Amazônia pra você ver. Já entra um besouro da Doença de Chagas no seu nariz na hora. Se a Amazônia fosse o pulmão do mundo, já tinha morrido um monte de gente de bobeira. E esse é o grande mérito de *Caçadores de emoção*: ninguém morre de bobeira. Ou é tiro ou é esporte radical. Se bem que acho que tem uma cena de overdose, não entendi muito bem essa parte.

 Em *Caçadores de emoção*, Patrick Swayze interpreta um atleta radical e, em *Ghost*,* interpreta uma pessoa que já morreu. Curiosamente, na vida real o ator é atleta radical e já morreu.

CAÇADORES DE EMOÇÃO
(POINT BREAK)
Ação, crime, thriller
1991
Diretor: Kathryn Bigelow
Com: Patrick Swayze, Keanu Reeves, Gary Busey, rapaz do Red Hot Chili Peppers
Duração: 2h02

---

* Favor consultar minha crítica de *Ghost: do outro lado da vida* nessa mesma publicação, já que na crítica de *O exterminador do futuro 2* eu posso ter afirmado erroneamente que o *Ghost* era um robô de alta tecnologia que vem do futuro (pra avisar que já morreu). Enfim, no final das contas, pode ter ficado meio confuso no livro. Mas com certeza ele já morreu.

37.
Inspetor Faustão e o malandro

A origem de dois gigantes da cultura brasileira

por **Rogerinho do Ingá**

Muita gente acha – o Julinho acha – que o Faustão já nasceu no *Domingão do Faustão* narrando videocassetada. Errada essa informação! Faustão começou na Polícia Federal, investigando e prendendo bandido.

E esse filme nacional – um dos poucos – conta essa história sem nenhuma maquiagem, tanto que o Faustão nesse filme está sem a cinta modeladora dele e está com seu peso e formato original, que não só consagrou o cara, como deu o apelido de Faustão a ele. Hoje ele tá apenas como Fausto, o que causou aí um problema em relação aos amigos mais próximos, que sempre chamaram ele de Fausto – por intimidade –, e hoje qualquer um chama. Por isso que ele tá sem amigo nenhum, tentando conquistar as pessoas na base da pizza. E em relação ao Sérgio Mallandro, ele sempre foi malandro, vindo a trabalhar só mais recentemente, soltando gorila em cima de criança e testando drogado pra ver se ainda tá no vício.

Mas o filme do Inspetor Faustão não brinca, já começa com Deus – é muita moral do Fausto!! –, que escolhe o Faustão pra ser inspetor ambiental, mostrando aí a importância do ambiental que eu sempre venho falando, quando não sou cortado. Mas como o filme ia ficar muito político, muito responsável, porque o Fausto traz essa preocupação social no sangue, os produtores chamaram o Sérgio Mallandro e o Costinha, pai do Sérgio, pra dar uma aliviada, trazendo a comédia pro cinema nacional, que anda muito abandonado em relação à comédia.

Mas, como o filme era infantil, o Costinha não podia falar palavrão, então não tinha graça nenhuma. E, sem ter o que fazer, o Costinha mandou o Faustão consertar o filho dele, o Sérgio Mallandro, que tava querendo se envolver com música, tentando emplacar um rap nacional chamado "O ovo".

Inclusive, esse é o único deslize do filme, porque todo mundo sabe, Renan tá lembrando aqui, como é perigosíssimo misturar música com animal silvestre. E eu vou dar a certeza pro Renan. E também vou dar o crédito pro Faustão de pelo menos ter tentado consertar o Sérgio Mallandro. E dou também o meu perdão, porque o Sérgio Mallandro não tem conserto.

Mas pode assistir a esse filme tranquilo, uma verdadeira história de superação e inteligência na preservação do ambiente. E com um bônus: várias vezes o Faustão fala olhando pra câmera, e, como eu faço questão de responder, o filme vira um grande bate-papo com o Fausto. Muito bom!

INSPETOR FAUSTÃO E O MALANDRO
Comédia, crime, thriller
1991
Diretor: Mário Márcio Bandarra
Com: Fausto Silva, Sergio Mallandro, Costinha
Duração: 1h25

38.

Frozen – Uma aventura congelante

Ser gótico no frio é fácil

por **Maurílio dos Anjos**

"Let it go, let it goooo…", o refrão dessa canção nos ensinou que a melhor forma de resolver nossos problemas é abandonando eles.

Essa linda animação, que teve o roteiro escrito durante 74 anos por Walt Disney, conta a história de uma adolescente gótica que se trancou no quarto pra praticar bullying com a irmã caçula. Particularmente eu não respeito quem é gótico no frio. Cultuar a morte assim é fácil, com trajes apropriados pro clima. Eu admiro o gótico que usa um sobretudo preto dentro do ônibus no verão de Colatina.

O filme começa com uma bela cena de amizade entre as irmãs que acaba com a caçula em coma, típico das brincadeiras de criança. Aí uma comunidade de hamsters mágicos cura a menina e aconselha os pais a jogar uma irmã contra a outra, pois a competitividade e a violência entre irmãos sempre cria seres humanos melhores.

Depois de dez anos de abandono sistemático da mais velha em relação à mais nova, os pais das meninas buscam o naufrágio pra se livrar das canções que as crianças insistem em cantar ininterruptamente. E, como todo momento trágico em filme infantil, só poderia ser positivo. As duas se reaproximam, já que elas estão sozinhas e sem outros parentes com quem brigar. Depois da morte de seus genitores, elas seguem a tradição pós-velório, dando uma festa antes que o banco bloqueie o cartão de crédito dos pais falecidos. E, nessa celebração, a caçula carente resolve se casar com um estranho – como acontece em todo casamento. Pois, conforme você vai conhecendo a pessoa, a tendência é a separação. O segredo do casamento longevo é os recém-casados entrarem em coma logo após a cerimônia.

Uma curiosidade é que o título *Frozen* faz uma alusão ao coração frio da "geração Tinder". Outro detalhe interessante é que se trata de um conto de fadas adaptado pros tempos modernos. Antigamente, a princesa era uma pessoa emocionalmente instável e infantil que precisava ser salva por um príncipe babaca. Hoje, ela é uma pessoa emocionalmente instável e infantil que não precisa ser salva por babaca nenhum. Apesar da adaptação moderna, o filme traz uma forte lição de moral: apenas a raiva entre as irmãs é amor verdadeiro e pode durar pra sempre, alertando desde já os futuros amantes sobre o fracasso do casamento.

FROZEN – UMA AVENTURA CONGELANTE
(FROZEN)
Animação, aventura, comédia
2013
Diretores: Chris Buck, Jennifer Lee
Com: Kristen Bell, Idina Menzel, Jonathan Groff
Duração: 1h42

39.

Pequena Miss Sunshine

Idoso é pior que garrafa PET

por **Julinho da Van**

Uma família atravessa os Estados Unidos de kombi pra levar a filha em um concurso de miss, que lá é decidido em um campeonato de quem come mais cachorro-quente. Por isso o pai não deixa a filha comer durante a viagem inteira pra ela não perder o apetite.* Concurso de miss mirim lá é coisa séria.

E por isso mesmo o pai aterroriza a filha e se recusa a demonstrar qualquer tipo de afeto por ela. Pro bem dela! Porque lá nos Estados Unidos tem a cultura do vencedor. Se a pessoa é boa no que faz, ela é reconhecida, ganha um troféu gigante e batizam uma ala de queimados no hospital com o nome dela. Aqui, se você é bom no que faz, tem que ficar amigo do David Brazil e participar do amigo secreto do *Fantástico*. Neymar caiu nesse erro.

Mas o destaque do filme sem dúvida é a protagonista, que infelizmente não fez sucesso na carreira de atriz mirim, tanto que acabou nem se viciando em drogas nem processando os próprios pais. Junto com ela vão o tio deprimido, o avô viciado e um ado-

---

* Uma dica boa que eu tenho pra enganar a fome é fumar um cigarro. Nao estou dizendo que criança tem que fumar. Isqueiro na mão de criança é um perigo. Mas, talvez, apenas pra perder o apetite, e sempre com a supervisão de um adulto, ou se estiver perto de uma prova difícil na escola, ou após ter ido mal na mesma prova. Ou depois de ter ido bem, como um prêmio.

lescente perturbado que quer ser piloto de avião. O adolescente geralmente tem esse probleminha de ter sonhos e planos pro futuro. Mas é fase. Logo passa, e ele presta concurso público. E não passa.

Então, além de ter que impedir que a filha almoce e ignorar o tio deprimido, os pais ainda têm que lidar com um filho revoltado e um idoso drogado boca suja. Até aí tudo bem. Idoso mal-educado é engraçado, todo mundo gosta. É o segredo do humor que o SBT não revela pra ninguém. Porém, como sempre, do nada ele morre e atrasa a viagem da família toda, porque eles não podiam largar o corpo lá. Nos Estados Unidos, se você joga um papel no chão, vai pra cadeia e tem que ouvir um xerife descontrolado gritando palavrão na sua cara o dia inteiro. Imagina se joga um corpo? E no caso ainda existe o agravante do cadáver do idoso não ser biodegradável. Um idoso demora um século pra se decompor. Até plástico se decompõe mais rápido. O Clint Eastwood morreu e tá aí até hoje.

Minha sugestão é a seguinte: vai sair de férias? Deixa o vovô em casa, liga a TV (eles não sabem ligar sozinhos) e pede pro vizinho dar uma olhada nele quando for regar as plantas.

Pequena Miss Sunshine é um filme sobre perseverança, e ensina que, se você tiver um objetivo definido na cabeça e força de vontade o suficiente, pode obrigar sua filha a conquistar qualquer coisa nessa vida, mesmo contra a vontade dela, o que é bem mais difícil. A única crítica que faço a esse filme é que a família toda projeta as próprias frustrações em uma menina de 7 anos. Absurdo! O correto é projetar as frustrações em uma pessoa madura o bastante pra se sentir culpada e chorar. E ser sua fiadora em um contrato de aluguel.

Uma outra crítica é que kombi é uma bosta.

PEQUENA MISS SUNSHINE

(LITTLE MISS SUNSHINE)
Comédia, drama
2006
Diretores: Jonathan Dayton, Valerie Faris
Com: Steve Carell, Toni Collette, Greg Kinnear e uma criança
Duração: 1h41

40.

A mosca

Mosca pelada é nojenta

por **Renan**

Todo mundo sabe que Estados Unidos é sinônimo de país avançadíssimo desde antigamente, que, aliás, é uma das épocas mais bonitas que já teve. E, nessa filosofia de pensar lá na frente, o americano começou a investir nas máquinas de teletransporte. Eu particularmente sou contra essas máquinas por diversos motivos, principalmente porque a falta de um piloto competente coloca em risco o sucesso da entrega do passageiro, que é o que acontece nos uber que tem rodando por aí irresponsavelmente.

Nesse filme *A mosca*, o físico Jeff Goldblum está tentando construir uma máquina dessas e fica testando com os macacos dele. O problema é ficar fazendo esses testes com macacos, porque eles são uma praga urbana. Eu mesmo já enfrentei esse problema de macaco invadindo a minha casa e sei o quanto é difícil imobilizar ou até mesmo sacrificar humanamente esse animal, porque é um animal muito habilidoso no quesito da movimentação. E ele ainda se masturba na sua casa e taca cocô em você!

Mas o drama do Jeff Goldblum começa mesmo quando ele resolve testar a máquina nele mesmo. Entrou lá completamente embriagado e nu – já que a máquina foi pensada pra macacos, e macacos só vestem roupinhas no circo –, apertou os botões e saiu na outra máquina, o que não adiantou nada porque a outra máquina tava na casa dele também. Mas o problema maior é que ele teletransportou uma mosca junto, modificando sua genética e transformando ele aos poucos numa mosca também. Seu corpo foi mudando e de repente ele já tava soltando pedaço de pele e babando na namorada, que termina a relação. Ele se desespera e sequestra a ex-namorada, mas o ex-namorado da ex-namorada vai atrás deles e, juntos, eles celebram seu amor tentando matar a mosca utilizando um fuzil calibre 12. Desnecessário, aliás, porque, na verdade, era muito mais fácil executá-lo com uma raquete elétrica gigante apropriada pra essa situação.

 Matar uma mosca é fácil. A mosca não grita, não se debate no chão, não chora dizendo que tem família. A gente não sente remorso. Mas, se a mosca é do tamanho de uma pessoa, aí é diferente, então às vezes é melhor procurar a ajuda de um profissional.

A MOSCA
(THE FLY)
Drama, terror, ficção científica
1986
Diretor: David Cronenberg
Com: Jeff Goldblum, Geena Davis, John Getz
Duração: 1h36

41.
Taxi Driver

A praga do Uber!

por **Rogerinho do Ingá**

Nesse filme, o Robert De Niro faz o papel de um taxista veterano do Vietnã que não consegue esquecer as cenas horríveis e desumanas que viu na guerra e fica maluco. E, realmente, a rotina de um taxista pode ser bem traumatizante. Mas quem mandou ser taxista? Tem que trabalhar de camisa, levar um passageiro de cada vez, tem que conversar, tem que carregar mala, tem que dar troco certo. Isso sem falar que trabalha escravizado pelo taxímetro, não tem a flexibilidade de cobrar mais caro se o passageiro é idoso. O idoso tem que pagar mais só pela aporrinhação, fora o risco numa batida! Idoso tem que ter passe livre ao contrário! Já tentei falar isso num programa e fui cortado!

Mas o De Niro teve sorte do filme ter sido feito na década de 70. Se fosse hoje, com o Uber, ele ia ficar muito mais estressado, ia matar o dobro de gente. Ou pior, um motorista de Uber ia matar as pessoas antes dele – através de algum aplicativo de matança – e receber todo o crédito. Ou se uma mulher quisesse dar à luz no carro dele, ia aparecer um Uber e fazer o parto antes dele, até com risco de ser prematuro – através de um aplicativo de parto. E a mãe ainda ia botar o nome do cara do Uber na criança. Aí a criança ia chamar Cauê. E os parentes iam ter que avaliar a criança dando estrelinha pra ela.

Voltando pro filme, no fim o De Niro raspa o cabelo, é expulso da cooperativa pra qual trabalhava por não se adequar ao código de etiqueta e fica revoltado. Com razão! Com essa praga do Uber, a prefeitura obriga o taxista a trabalhar como se estivesse indo prum casamento. E não tem como o motorista rodar a semana inteira vestindo roupa de gala. Não tem mocassim que aguente.

Mas pra resolver essa revolta toda do De Niro era só mostrar pra ele aquele vídeo motivacional do Rocky Balboa falando pro filho que a vida é uma bosta. Mas acho que o Rocky e o Robert De Niro são de universos diferentes, que nem o Wolverine e o Alf. Então não sei se ia ser possível esse encontro.

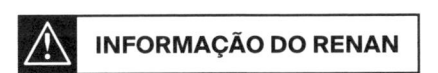 O Robert De Niro fez sete filmes com o Martin Scorsese. Ele é tipo a Helena do Martin Scorcese, que é o Manoel Carlos americano. Mas em vez de tomar água de coco no Leblon, os personagens executam cafetões. Até porque lá nos Estados Unidos não tem água de coco, e se tiver é sabor Coca-Cola. E o coco é de plástico no formato de uma garrafa de Coca-Cola.

TAXI DRIVER: MOTORISTA DE TÁXI
(TAXI DRIVER)
Crime, drama
1976
Diretor: Martin Scorsese
Com: Robert De Niro, Jodie Foster, Cybill Shepherd
Duração: 1h54

42.

Central do Brasil

Um *Antes só do que mal acompanhado*,
só que sem graça

por **Maurílio dos Anjos**

Esse filme não faz mais sentido porque hoje em dia todo mundo se comunica por áudio de WhatsApp, se você quer falar com seu pai, você fala, não precisa ficar enchendo o saco de uma senhora na rua pra isso. Além do mais, esse filme é uma denúncia sobre as dificuldades de ser educador no Brasil: um professor mesmo depois de aposentado ainda é obrigado a lidar com a malcriação dos filhos dos outros. O perigo de ser alfabetizado é ser perseguido por uma criança desagradável.

O filme todo é permeado por uma visão crítica sobre o duro cotidiano dos mais pobres que só um diretor muito rico é capaz de perceber. Sou um grande fã do diretor Walter Salles, porque quando se é filho de um bilionário, você só pode escolher entre ser cineasta e piloto de Fórmula 1, e como ele dirige mal, escolheu o cinema.

A pior parte desse filme foi quando eu esperei até as cinco da manhã pra ver o Brasil ganhar o Oscar e o prêmio foi para *A vida é bela*, um filme que também conta a história de uma criança sendo enganada por um idoso. Inclusive, os produtores brasileiros pensaram em chamar Central do Brasil de A Vida é Bela, mas a vida aqui é uma bosta. Pensando bem, o filme italiano tem conexões com o cotidiano brasileiro, sim! Roberto Benini é o Didi

Mocó italiano que não necessita de Dedé, ele é tão talentoso que não precisa humilhar uma pessoa durante quarenta anos pra fazer o Brasil sorrir.

Eu só lamento Matheus Nachtergaele aparecer tão pouco nessa película, ele inclusive foi cotado pra fazer o papel da criança, fez até um laboratório de desalfabetização, mas aí ele perdeu o papel e teve que cursar o ensino fundamental novamente, por isso passou tanto tempo longe das telas de cinema.

CENTRAL DO BRASIL
Drama
1998
Diretor: Walter Salles
Com: Fernanda Montenegro,
Vinícius de Oliveira, Marília Pêra
Duração: 1h53

43.

O casamento dos Trapalhões

Didi, Dedé, Mussum, Zacarias e o Gugu

por **Julinho da Van**

Primeiramente quero deixar registrado que, apesar de *O casamento dos Trapalhões* ser um filme forte na franquia, eu acho um absurdo a gente não analisar *Os Trapalhões na terra dos monstros* neste livro. É um filme muito mais completo, inclusive no que diz respeito ao elenco, porque, além dos Trapalhões, tem Angélica, Conrado, Gugu Liberato, Ivan Lins, o grupo Dominó, Vanessa de Oliveira (ela eu não sei quem é) e o ator que se chama só Marcelo.*

Feito o protesto, o que eu acho legal demais nos filmes dos Trapalhões, e que também está bem presente nesse, são as animações que sempre têm na abertura, tudo muito bem bolado. Deixa o filme mais leve. Isso sem esquecer as propagandas de gelatina que rolavam nas cenas de perseguição, claro. Sempre tinha uma cena tipo um Trapalhão correndo por um beco, fugindo de um vilão e, quando ele saía de quadro do nada, pulava do muro o Bocão da Royal, que tava esse tempo todo ali escondido, e mandava a vinheta: "Abra a boca, é Royal! Tchuam!" E do nada o filme voltava ao normal, e ninguém que tava no cinema vendo estranhava, era tranquilo. Um Jequiti gigante. Doutor Renato sempre foi muito bom de permuta.

* Não tinha o sobrenome do cara no filme.

Mas se nada disso te convenceu ainda a assistir a esse filme foda e você precisar de um bom motivo, eu te dou quatro, neném: Didi, Dedé, Mussum e Zacarias (além de também ter Conrado e o ator Marcelo reforçando o elenco). O filme é uma comédia pra criançada na qual um alcoólatra muito divertido, interpretado pelo ator Mussum, divide uma casa de campo com cara de cativeiro com os amigos solteirões, e eles são tipo quatro velhos numa república que não gostam muito de banho. Se você gosta de *Três solteirões e um bebê*, vai adorar este filme, porque tem um solteirão a mais. Em uma cena já clássica, eles coam café numa meia suja, porque, na década de 80, era engraçado ser porco. Na década de 80 tinha muita droga, e o pessoal ria de tudo. Era mais fácil fazer humor. Uma outra curiosidade aqui é que foi só depois desse filme que o Didi passou a ser jovem, uma decisão que hoje sabemos que foi acertada. Filmão.

Fora Dr. Renato, outro cara que tá muito bem no filme é o Conrado. Tá fazendo falta o Conrado. Ele é o nosso Brendan Fraser. São dois caras que eu admiro. Os dois têm o mesmo tipo de atuação e estilo de cabelo, mas ambos, infelizmente, caíram em desuso. Ninguém chama mais o Conrado pra trabalhar. Nota triste aí do filme que eu quis dividir com você, amigo leitor, que está lendo. Não gosto de ficar triste sozinho.

Fora isso, o que importa mesmo é que, nesse filme, o Didi realiza o parto da própria filha, obrigando a esposa a dar à luz em casa sem as mínimas condições de higiene antes disso virar moda. O cara pensava à frente.

De resto, Dedé, Mussum e Zacarias casam, Conrado casa, o ator chamado Marcelo casa e no final vai embora, mas o Didi tá escondido na mala da carroça com a família, o que dá a entender que o filme teria uma sequência, mas isso nunca aconteceu. Então nunca veremos *O casamento dos Trapalhões 2 — O divórcio*. Eu acho que daria um grande filme também, porque divórcio é conflito.

O CASAMENTO DOS TRAPALHÕES

Drama
1988
Diretor: José Alvarenga Jr.
Com: Dr. Renato, Dedé, Mussum, Zacarias e ator Marcelo
Duração: 1h22

44.

The Doors

Um cantor do barulho

por **Renan**

Ele está sempre embriagado; ele sobe em cima da mesa; ele faz poesia; ele dá em cima da sua mulher; ele puxa assunto sobre reencarnação; ele conta sonho; ele não compra suas próprias drogas; ele quando morre ainda inventa de ser enterrado em Paris: *The Doors*, o filme, traz pro cinema Jim Morrison, o cantor que só dá trabalho pra todo mundo. E, nesse filme, bêbado e espiritualizado, ele vai se meter em divertidas confusões (menos a parte em que ele morre, essa parte é triste).

Vindo na sequência de sucessos como *Um hóspede do barulho* e *Antes só do que mal-acompanhado*, *The Doors* também embarca em situações inusitadas de ter uma pessoa extremamente inconveniente aprontando ao seu lado o tempo todo. A franquia Se beber, não case! também viria a colher esses frutos anos mais tarde. Jim Morrison foi uma espécie de Cazuza dos Estados Unidos, mas, lá nos Estados Unidos, quando você morre, você ganha filme do Oliver Stone. Por aqui também tivemos um filme do Cazuza, que inclusive resgatou algo que estava perdido no cinema nacional desde a retomada: filmes como os de antes da retomada.

Mas o atrapalhado Jim de *The Doors* não é só bebedeira, poesia e pegação. O filme foca bastante no lado espiritualizado do confuso cantor, principalmente através de suas incursões de autoconhecimento pelo deserto, provavelmente bêbado e perdido, e, quando você se perde no meio de uma caminhada de autoconhecimento, você não tem escolha a não ser continuar com o autoconhecimento até o final, ou até ser resgatado pela polícia – mas ainda assim cheio de determinação na busca pela espiritualidade desconexa.

Infelizmente perdemos Jim aos 27 anos, idade que levou outros gigantes como Jimi Hendrix e Paulo Ricardo. Uma perda pros entes queridos, tenho certeza, mas principalmente pra sociedade, que fica órfã desses talentos, só imaginando o que esses artistas provocadores estariam aprontando hoje. O RPM com certeza estaria arrebentando a boca do balão.

E o filme *The Doors* me despertou justamente isso, a reflexão sobre como estaria nosso querido Jim Morrison hoje. Vejo um Jim idoso mais paciente. Talvez num domingo como esse, em que escrevo essa resenha, Jim estivesse aguardando atrás do cenário do *Domingão* algum ator convidado adivinhar sua música pra que ele fosse libertado pra se apresentar. Talvez até tivesse adormecido um pouco ali atrás, tomando a bebidinha dele.

Vejo um Jim idoso ainda mais engajado em suas causas, indignado com a tecnologia das plataformas digitais. A tecnologia iria querer facilitar a vida do Jim idoso, mas será que ele iria querer ter sua vida facilitada? Jamais. Ele era selvagem. Iam querer obrigar o Jim idoso a fazer supermercado pela internet. Já tiraram a ida ao banco do Jim idoso, agora tirar o supermercado? "O supermercado tradicional nunca vai acabar!", ele bradaria em uma nova canção enquanto iria, sim, pessoalmente ao supermercado cuspir no uniforme do segurança e se recusar a mudar a letra da sua música. E depois ele compraria um vidro de palmito. Esse era o nosso Jim.

⚠️ **INFORMAÇÃO** Enquanto Jim Morrison espalhava confusão e maluquice pelo mundo, Cazuza fazia a baderna dele sempre no mesmo lugar, na Pizzaria Guanabara. Inclusive na mesma mesa. No Rio de Janeiro dos anos 80, você tinha inclusive a opção de reservar sua mesa longe do Cazuza, pra evitar que ele subisse em cima dela já te incluindo aos berros numa performance poética contra a burguesia. Às vezes, quando a pizzaria enchia, só dava pra conseguir mesa do lado da turma do Cazuza. Tempos difíceis.

AS PORTAS
(THE DOORS)
Religião, comédia
1991
Diretor: Oliver Stone
Com: Val Kilmer, Meg Ryan,
Kyle MacLachlan, Billy Idol
Duração: 2h20

45.

O poderoso chefão

O filme que deu origem à série
A grande família, só que americano

por **Rogerinho do Ingá**

Esse filme é uma denúncia de perseguição a uma família de trabalhadores que são impedidos de trabalhar pela prefeitura e pela polícia! Errado! A família Corleone, do Seu Corleone e os filhos, trabalha 24 horas sem parar, fornecendo tudo do bom e do melhor em relação à segurança pros comerciantes que vivem numa cidade cheia de gângster e marginal, até com envolvimento de droga. Essa família tinha que ganhar uma medalha!

Na área do Julinho, por exemplo, tem gás, TV a cabo, internet, até entrega de água, tudo organizado por uma família lá. E você não vê uma reclamação, ninguém abre a boca pra falar nada! Isso é o quê? Isso é satisfação! Os únicos caras que chegaram a reclamar alguma coisa sumiram, covardes! Reclama e depois foge! Agora vai contratar uma internet dessas de marca que tem por aí, é aporrinhação atrás de aporrinhação. Fora o preço. E depois as outras companhias descobrem seu telefone e ficam te ligando o tempo todo, oferecendo o mesmo serviço, só que mais caro. São gangues!

Até pra pagar essas empresas "sérias" é complicado. Eles querem comprovante de tudo. A minha casa eu ocupei a força, como é que eu vou ter comprovante de residência?! Só se eu me chamasse Mauro e eu não vou mudar meu nome só pra isso. Na comunidade do Julinho – exemplo aí –, você já deixa o cartão de crédito direto na mão dos caras, eles mesmos fazem o pagamento. Você não precisa nem sair de casa! E o cartão não precisa nem ser seu! É outro mundo!

Voltando pro filme do Poderoso chefão – não confundir com *O poderoso chefinho*, que é melhor –, ele mostra essa realidade do trabalhador que quer trabalhar e as pessoas não deixam. O Seu Corleone sofrendo de caxumba, praticamente sem voz, sem aposentadoria, é obrigado a continuar trabalhando sem parar e, infelizmente, acaba morrendo quando estava regando uma horta. Até da comida era esse senhor que cuidava! Descaso absoluto da sociedade com esse trabalhador!

E idoso com caxumba é mortal, tem que ficar em repouso absoluto. Criança com caxumba, ok. É até bonitinho. Renan, logo que o Renanzinho nasceu*, já esfregou ele numa caxumba que ele encontrou no hospital, que "essa é a época boa de pegar caxumba", segundo ele. E tá certo, você vê Renanzinho hoje aí se espatifando pra lá e pra cá, cheio de saúde.

Outra cena muito triste desse filme, uma cena forte, uma cena que foi nos Estados Unidos, mas poderia ser aqui, é o extremo da cobrança de um pedágio. O filho boxeador sem dinheiro pra pagar o pedágio foi simplesmente metralhado! Metralhado, pessoal, sem dó nem piedade! Pra vocês verem até onde vai essa cultura do pedágio! Se a gente não abrir o olho e fizer alguma coisa, o próximo será um de nós. Tenho que dar esse alerta aqui! Pelo menos o filho mais novo, que largou o Exército porque tinha mão mole, assumiu o comando das empresas do pai e deu muito certo, tanto é que fizeram até o filme 3.

* Nota do revisor: Mas o Renan não sumiu quando o Renanzinho era bebê? Nota do editor: Diz no hospital, então suponho que Renan tenha sumido depois de voltar pra casa? (Acontece, aliás.)

Pra quem quer conhecer o que é a perseguição do governo em cima do cidadão de bem, é um excelente filme. Inclusive foi o filme que inspirou aqui no Brasil a série da Rede Globo *A grande família*. Só que, no lugar do Al Pacino, botaram o Pedro Cardoso, e aí virou comédia, perdeu toda a crítica social. Fora a ideia idiota de botar o Pedro Cardoso como taxista, coisa que eu não admiti na época e jamais vou admitir.

O PODEROSO CHEFÃO
(THE GODFATHER)
Crime, drama, família
1972
Diretor: Francis Ford Coppola
Com: Marlon Brando, Al Pacino, James Caan
Duração: 2h55

46.

Crocodilo Dundee

Um Richard Rasmussen australiano perdido em Nova York

por **Maurílio dos Anjos**

Atualmente, na era da internet e com a volta da sífilis, nos acostumamos a ver a cultura australiana presente em nosso dia a dia. Basta você ir a um restaurante temático ou fazer amor com alguém da sua própria família pra se sentir um típico aventureiro se embrenhando pelos recantos mais inóspitos deste continente perdido e que, munido apenas de coragem e melanomas, assassina a fauna exótica do seu país.

Mas, em 1986, tudo era diferente e, em *Crocodilo Dundee*, a Austrália era personificada por Paul Hogan, um homem durão, xucro, que provavelmente negligenciava a higiene pessoal e bucal e nunca tinha assistido a *O carteiro e o poeta*. Lá na Austrália, você tem que ser assim desde criança, porque a natureza é contrária à ocupação humana. Todos os bichos australianos são supervenenosos. Às vezes você vai pegar um lenço de papel pra assoar o nariz e, quando você mete a mão, é a Aranha-Lenço-de-Papel, supervenenosa, e ela te mata. E você morre com o nariz entupido.

Os antigos gregos afirmavam que todas as narrativas do mundo podiam ser resumidas em sete tramas básicas: a tragédia, a comédia, a busca pelo tesouro, ficar perdido em Nova York e mais três outras que eu não me lembro. *Crocodilo Dundee* é herdeiro direto de dois desses arquétipos, pois, além de viajar pra Nova York, tem uma cena em que ele fica triste (tragédia).

Através dos olhos dele, enxergamos com inocência e perplexidade todo o caos e a loucura do mundo moderno. Ele é uma espécie de Tonho da Lua: ingênuo, sonhador e esforçado, apesar de suas óbvias limitações. Pensando melhor, ele é uma espécie de Marcos Frota.

Na época, muita gente não entendeu o filme (O Rogerinho confundiu com o desenho do Wally Gator, e gravou um jogo da copa de 90 por cima da fita que emprestei pra ele). O fato é que, mais do que uma mera comédia romântica de ação, *Crocodilo Dundee* é um filme de arte, e o papel da arte é justamente nos fazer questionar o mundo em que vivemos. Sendo assim, um bom filme é aquele que nos faz perguntas como *Quem vai ficar com Mary?* e *Cara, cadê meu carro?*. A pergunta que fica após assistirmos a *Crocodilo Dundee* é: o que é mais violento? Matar um crocodilo com as próprias mãos ou a convivência social nas grandes metrópoles do mundo dito civilizado? Refleti muito sobre isso, passei alguns dias pensativo, faltei à aula de dança de salão e, no fim, cheguei à conclusão de que a resposta é matar um crocodilo com as próprias mãos.

O segundo filme é basicamente igual.

CROCODILO DUNDEE
(CROCODILE DUNDEE)
Aventura, comédia
1986
Diretor: Peter Faiman
Com: Paul Hogan, Linda Kozlowski, John Meillon
Duração: 1h37

47.
Difícil de matar

Porradaria clássica para os puristas do gênero

por **Julinho da Van**

Como um apreciador da violência, eu não poderia deixar o Steven Seagal de fora. E *Difícil de matar* é da época em que ele ainda não era um maluco paranoico morando na Rússia, era só um maluco paranoico morando nos Estados Unidos, que é o certo. O corpo do Steven Seagal é uma arma letal, mas, nesse filme, ele carrega uma arma letal de verdade também, só pra garantir. É precavido.

O grande drama é que matam a família dele inteira e deixam o cara em coma por oito anos, e com isso ele acaba perdendo duas Copas do Mundo e vários jobs. Mas de repente ele sai do coma já distribuindo porrada. Diferente daquela mulher do Kill Bill, que acordou com a perna dormente, sem conseguir andar. O Steven deve ter se alongado antes de entrar em coma, porque é experiente. Ele é faixa preta de sétimo dan de aikidô, um dan que só é concedido pra quem consegue dar voadora de calça jeans. E outra coisa: quando a mulher do Kill Bill matava alguém, era sempre com muita dificuldade. Já o Steven, não. O Steven mata fácil, a camisa do homicídio não pesa pra ele.

Outra lição que o filme ensina é que executar uma pessoa em coma dá muito mais trabalho do que você imagina. Hoje, pra entrar em uma UTI com uma metralhadora, ou até mesmo uma arma branca, é uma burocracia danada. Não é igual entrar em escola, que é tranquilo.

Depois de matar o hospital inteiro, Steven, já meio puto, vai atrás de um senador corrupto, pois não sabe que a nossa maior arma é o voto. Vai ver ele perdeu o prazo pro cadastramento biométrico por causa do coma e teve o título de eleitor cancelado. Mas o bom do Steven Seagal é que ele não inventa, faz o feijão com arroz da violência: dá porrada em chinês, dá porrada em ladrão de mercadinho, quebra a loja inteira, e causa mais prejuízo pro dono do que os ladrões. E outro detalhe: só abre porta no chute. O cara não toca em uma maçaneta o filme inteiro, pode reparar. Ele deve ter TOC de limpeza, medo de bactéria.

O único problema desse filme é o título, que deixou o Bruce Willis puto.* Porque primeiro o Steven fez *A força em alerta*, que é um *Duro de matar* no porta-aviões. Depois foi lá e fez *Difícil de matar*. E ainda ostentava aquele rabo de cavalo só pra esfregar na cara do Bruce Willis, que há anos raspa a cabeça pra fingir que não é careca. Os dois tinham que resolver essa rusga em um filme. O problema é que, se colocar os dois pra matar um ao outro, o filme não vai terminar nunca.

Difícil de matar é tão bom que, depois de assistir, eu fiz questão de rebobinar a fita, que é uma regra com a qual eu não concordo e inclusive faço questão de desrespeitar sempre que possível. Minha mãe dizia que rebobinar a fita estraga o videocassete. E ela tinha razão, porque todo mundo rebobinava fita, e hoje todos os videocassetes sumiram.

DIFÍCIL DE MATAR
(HARD TO KILL)
Ação, crime, chute na cara
1990
Diretor: Bruce Malmuth
Com: Steven Seagal, Kelly LeBrock, William Sadler
Duração: 1h36

* Mais puto do que ele já é normalmente.

48.

A lagoa azul

A maldição da DR sem fim

por **Renan**

Duas crianças botam fogo num navio, sequestram um idoso e fogem pra uma ilha deserta, onde o mantêm em cativeiro. Entretanto, o idoso acaba morrendo, e as crianças (Brooke Shields e um cara aí) têm o desafio de crescer agora sem sua fonte de renda na ilha. Essa é a terrível história de *A lagoa azul*.

Sem oportunidades de um primeiro emprego e com os hormônios em ebulição, os agora adolescentes têm pela frente o maior contratempo do ser humano: o amadurecimento. Em meio a diversos trabalhos manuais e à luta por refeições diárias num ambiente selvagem, é na confusão mental da puberdade que reside a maior provação dos protagonistas de *A lagoa azul*. Os jovens descobrem a masturbação, a menstruação, o desejo sexual e, por fim, resolvem tudo instalando o Tinder na ilha e percebendo que só têm um ao outro, não tendo alternativa portanto a não ser dar início a uma união estável (parece que dez anos abandonados numa ilha deserta já é considerado união estável por lei). Assim, os dois juntos têm que enfrentar o maior desafio de naufragar distante de tudo e de todos numa ilha como um casal: viver numa eterna, insolúvel e enlouquecedora discussão de relacionamento.

A lagoa azul é, portanto, uma espécie de *Lost* da DR, uma maldição que só piora quando esses dois jovens desempregados acabam botando uma criança no mundo, e sem perspectivas de trabalho fora da área de nadar em cachoeira. Felizmente, o nascimento da criança corre bem, e o casal vive uma vida muito feliz, exceto pela parte em que são atacados por um tubarão e ficam dias à deriva no mar, e a criança acaba se envenenando com uma planta tóxica.

 **INFORMAÇÃO** No filme não fica claro se quando Brooke Shields e o cara são encontrados à deriva ainda estão com vida, mas, na minha visão, esse cara deve ter morrido, pois nunca mais foi visto em filme nenhum, enquanto a Brooke apareceu anos depois casada com um tenista de peruca chamado André.

A LAGOA AZUL
(THE BLUE LAGOON)
Sequestro, DR
1980
Diretor: Randal Kleiser
Com: Brooke Shields, um outro cara
Duração: 1h44

49.

Quero ser grande

Criança mimada é um perigo!

por **Rogerinho do Ingá**

Esse filme é de quando o Tom Hanks fazia comédia engraçada. Depois ele começou a fazer umas comédias sem graça nenhuma – *Apollo 13*, *O náufrago*. Mas não se trata apenas de um filme engraçado – um dos mais engraçados, tenho que dizer aqui. Esse filme também alerta pro perigo do parque de diversão. Porque, onde tem diversão, tem droga!

Parque de diversão é armadilha pra roubar criança. Eles enchem o parque de crianças dos outros e a sua fica perdida ali no meio. Quando você vê, já tá de mão dada com o filho de outra pessoa enquanto o seu sumiu. E não tem o que fazer, tem que cuidar da criança desconhecida, dar comida e levar no caratê. Eu sou contra parque de diversão! Outra coisa: carrinho bate-bate deveria ser só pra 18 anos com habilitação, porque a criança não brinca com seriedade, bate de qualquer jeito. Não tem comprometimento com a colisão.

No filme, a criança faz um pedido pro cigano paraplégico no parque e, quando vai ver, acordou adulto, com o corpo do Tom Hanks. É uma irresponsabilidade você realizar desejo de criança. Porque, primeiro, criança só fala maluquice, e, segundo, se você ficar fazendo vontade de criança, ela estraga. Eu só fui ganhar presente de Natal aos 26 anos, quando bati de frente numa picape de um vereador que tinha se vestido de Papai Noel pra distribuir brinquedo. Morreu todo mundo, e eu fui obrigado a ficar com a casa cheia de boneca e bola. Já o Maurílio até tênis tinha, e você vê no que deu. Hoje dirige uma kombi.

Mas o Tom Hanks criança foi burro quando pediu pra virar Tom Hanks adulto, porque, nos Estados Unidos, criança e adulto são a mesma coisa. Lá a criança pode dirigir, trabalhar, ter diabetes, ser presa e comprar metralhadora no supermercado.

Tanto que, imediatamente, ele percebe a besteira que fez, porque agora é uma pessoa ignorante, sem preparo nenhum, preso no corpo de um adulto. Ou seja, é um adulto normal. E se o filme fosse sério e você acordasse adulto de repente, você teria que, antes de qualquer coisa, passar um tempão correndo atrás de título de eleitor, certificado de reservista, IPVA, essas bostas de papel. O filme era pra ser fila do cartório o tempo todo, mas aí seria um filme francês.

No final, *Quero ser grande* é tipo um *Se eu fosse você 2*, só que, em vez de trocar de corpo com o Tony Ramos, a criança troca de corpo com o Tom Hanks. Consequentemente, em algum lugar, o Tom Hanks se transformou em uma criança. Talvez seja ele no corpo do Macaulay Culkin em *Esqueceram de mim*, o que explica a atuação digna de Oscar da criança Kevin.

Agora que o Tom Hanks já é grande, podiam fazer uma continuação chamada *Quero ser velho*, em que ele acorda no corpo do Anthony Hopkins e passa o dia tentando melhorar a imagem da TV e mandando mensagem pro grupo da família, alertando sobre o golpe do falso sequestro.

QUERO SER GRANDE
(BIG)
Comédia, drama, família
1988
Diretor: Penny Marshall
Com: Tom Hanks, Elizabeth Perkins, Robert Loggia
Duração: 1h44

50.
Um show de verão

Tem vários shows,
mas não é tão show assim

por **Maurílio dos Anjos**

Ao assistir ao trailer, acreditamos se tratar de mais uma edição do Prêmio Multishow, com os destaques da música brasileira no ano de 2004, uma comédia, com certeza. Mas, apesar de parecer uma mistura de premiação, comédia e o título sugerir um "show no verão", o filme não ganhou nenhum prêmio ou risada, nem foi lançado num show durante a estação mais quente do ano. Essa bela película é, na verdade, a maior e mais cara declaração de amor já feita no Brasil. Foi nesse filme que Lu (apelido de Luciano) e Angélica (nome da Angélica) se apaixonaram. Após a atriz viver as polêmicas separações do ator e músico Maurício Mattar e do comunicador e narrador do *Papa Tudo*, César Filho, Angélica finalmente encontra o amor. E ainda cobrou ingresso pra isso.

Numa analogia sutil com o clássico *Cinderela* da Disney, a personagem Fred (personificando aqui o arquétipo do príncipe) recebe a ajuda de André Marques (personificando aqui o arquétipo do DJ) pra ficar amigo do Luciano Huck (personificando aqui o arquétipo do apresentador milionário que está financiando o filme). A ideia da personagem Fred é ter a ajuda de Luciano Huck pra transformar a Angélica em uma cantora de sucesso. Afinal, o que é o amor senão a tentativa infinita de tentar mudar a pessoa amada até torná-la desinteressante.

Um filme que já é cult – com ares saudosos de um tempo que não volta mais –, repleto de cortes ágeis e uma linguagem jovem que envelheceu bem. Ao contrário do Nuno Leal Maia, que rejuvenesceu mal.

E me orgulho em dizer que me sinto coautor da obra, uma vez que participei dela como motorista de kombi. Na verdade, foi só por isso que escrevi este texto.

Pontos fortes: Jota Quest, André Marques (Mocotó), Marcos Mion, Cidade Negra, Lulu Santos, Gabriel, o Pensador, CPM 22, Detonautas, Capital Inicial, Dany Bananinha e, claro, Otávio Mesquita.

Ponto fraco: Luciano Huck.

 **INFORMAÇÃO DO RENAN** O ator Nuno Leal Maia citado pelo Maurílio não participou desse filme. Mas realmente rejuvenesceu mal.

UM SHOW DE VERÃO
Musical
2004
Diretor: Moacyr Góes
Com: Angélica, Luciano Huck, Thiago Fragoso
e vários cantores que já morreram
Duração: 1h37

51.

Era uma vez no Oeste

Não tem ninguém bobo nesse filme

por Julinho da Van

O que eu mais gosto nesse filme é que não tem nenhuma palhaçada, porque ali no Texas ninguém tava de bobeira. Naquela época, todo mundo tinha uma arma, a rapaziada resolvia discussão de baralho no tiro no meio da rua. O baralho era levado mais a sério. A cidade tinha a maior galera, e apenas um xerife e quatro policiais pra trocar tiro com todo mundo e resolver todos os crimes. Às vezes toda a força policial era deslocada pra resolver uma desinteligência doméstica, e a cidade ficava sem ninguém pra matar bandido.

Pra vocês terem uma ideia, o personagem mais bobo do filme fugiu da cadeia pra matar um primo, era maldade pura. E Charles Bronson tá brilhando muito nesse faroeste, que pra mim é sem dúvida sua obra-prima. Nessa época, ele tava no auge da forma técnica e física, tava matando fácil. E não era matar a galera chegando escondidinho por trás, não, nem usando bomba. Ele usava da técnica da meia surpresa: não aparecia de primeira, mas chegava tocando uma gaita. A pessoa metia a mão no bolso pra dar uma moeda pro artista de rua* e, até ver de onde vinha a musiquinha, já tava era levando bala. Quem viu *Desejo de matar* sabe que o Bronson mandava muito bem na pegadinha.

---

* Ou pra esconder o celular.

A melhor cena do filme é quando ele tá voltando pra cidade e três malucos vão receber ele a cavalo e tiram uma onda dizendo que vieram dar as boas-vindas, mas que infelizmente só tinham três cavalos, que tava faltando um. Aí, sem pestanejar, o Charles corrige o cara dizendo que, na verdade, estão sobrando dois cavalos, porque ele precisa só de um. De repente é pipoco pra todo lado, e ele mata todo mundo, mas sai ferido, porque é humilde. Fora a matança, isso é o que eu mais admiro nesse ator. Ele não é perfeito, ele é bronco, ele é muito humano. Aliás, que humanidade tem o Charles Bronson. Voltando a *Desejo de matar* por um segundo: sempre que matavam a família dele inteira, passando o rodo em todo mundo que ele amava, ele poderia simplesmente se vingar de forma egoísta e matar apenas os responsáveis. Mas, não. Ele passava a matar todo e qualquer bandido que entrasse na frente dele, sem nenhuma distinção ou preconceito. Distribuía bala pra todo mundo de forma igualitária.

Um outro destaque de *Era uma vez...* é o cara que faz o bandido. Ele é muito conhecido, mas eu não lembro o nome dele. E sabe por quê? Porque é um filme todinho pro Charles Bronson. Ele deve ter chegado no primeiro dia de gravação já matando um figurante, ou um roteirista que tava ali de bobeira. Aí o resto do elenco, vendo a seriedade com a qual ele entrou no projeto, se contentou em ficar quietinho, só esperando o Bronson chegar na maldade. Igualzinho filme do Paulo Gustavo.

ERA UMA VEZ NO OESTE

(C'ERA UNA VOLTA IL WEST)
Tiro
1968
Diretor: Sergio Leone
Com: Henry Fonda, Charles Bronson, Claudia Cardinale
Duração: 2h44

52.
Velocidade máxima
A solução definitiva pra engarrafamentos
por **Renan**

Depois que assisti a esse filme, eu dirijo sempre partindo do pressuposto de que colocaram uma bomba no assoalho da minha Towner, então nunca ando a menos de 80 por hora. Porque na vida você acaba fazendo muitos inimigos, seja no trânsito ou no próprio seio familiar, e algumas dessas pessoas, movidas pela mágoa, pelo álcool, ou pela vontade de receber o dinheiro que estou devendo a elas, são bem capazes de querer se vingar. Mas felizmente o Brasil é um país subdesenvolvido, que investe pouco em ensino técnico, e a maioria das pessoas não tem a formação acadêmica adequada pra armar uma bomba de tamanha complexidade e poder destrutivo e acaba tendo que se contentar em estourar o meu para-brisa com um pedaço de pau de madrugada.

No *Velocidade máxima 2*, a Sandra Bullock enfrenta uma situação ainda mais complicada quando fica presa num cruzeiro com o Carlinhos Brown. Nem é o Keanu Reeves que salva ela. Ele enjoa fácil no mar.

Só não sei por que não fizeram mais continuações. A franquia tinha vários meios de transporte pra explorar ainda. Dava pra fazer Velocidade máxima no trem, no avião, na bicicleta, no patins in line, no banana boat, ou no Tom Cruise. Amarra uma bomba no Tom Cruise, manda ele sair correndo e bota o Keanu Reeves pra correr atrás. Aproveita e já filma o próximo *Missão impossível*.

O Tom Cruise tem preparo físico pra isso, apesar de ter mais experiência com pessoas correndo pra longe dele, como acontece sempre com sua ex-mulher e sua ex-filha.

Finalizando, fica aqui o meu apelo: se todo ônibus rodasse com uma bomba dessa no assoalho, o trânsito fluiria bem melhor. Porque motorista de ônibus tem essa mania de parar em sinal vermelho, de parar no ponto. Quando eu passo no ponto, a porta já vem aberta, e quem quiser entrar pula pra dentro com a van em movimento. E se a pessoa errar o pulo e se arrebentar inteira no chão, é até melhor, porque a minha rota não passa perto de nenhum hospital. Ela pode já ficar estabacada no chão esperando uma outra van que passe num posto de saúde, com tranquilidade e segurança.

 **INFORMAÇÃO** | O ator Keanu Reeves é esquimó.

VELOCIDADE MÁXIMA
(SPEED)
Ação, aventura, crime
1994
Diretor: Jan de Bont
Com: Keanu Reeves, Dennis Hopper, Sandra Bullock
Duração: 1h56

53.

O senhor dos anéis

Briga de idoso
por causa de um anel

por **Rogerinho do Ingá**

É uma história que parece real, mas não é. Tudo começa com uma briga de dois idosos por causa de uma bosta de um anel que desaparece, quando tu bota e você desaparece junto. É brincadeira, né? Um anel?! E que desaparece?! Mas idoso é assim, briga por qualquer bobagem. E pior, acaba envolvendo toda a família na confusão, tanto que sobrou pro filho deles lá, o Frodo, ir pro meio de um vulcão nas terras do olho do Thundera, a Sauron, pra destruir o anel.

Julinho ficou revoltado aqui, indignado, porque ele não entende "pra que que serve um anel que você bota e desaparece?!". Mas é que o Julinho é garoto, a mãe dele é que sustenta ele. Porque, quando você começa a ter que pagar suas próprias contas, Julinho, tudo que você precisa é de um anel pra desaparecer. Ainda mais idoso, que é cheio de conta, remédio, dívida, cobrança, parente pedindo dinheiro, empréstimo consignado, caixa eletrônico falso. Então tá certo o filme nisso.

Agora, o que não existe é acertar aquela quantidade de flecha que o magrinho da orelha pontuda acerta nos outros. Isso é uma fantasia do filme. Nem em competição de olimpíada, que tem os melhores atletas de flecha, o competidor acerta. Como é que vai acertar soldado a cavalo, cobra voadora, gnomo que taca pedra, fantasma?!!! Não dá! Tudo se mexe nesse filme, até as árvores se mexem. Não tem como!

Se fosse verdade, esse personagem arqueiro de orelha pontuda morria na primeira batalha. Olha a tragédia que aconteceu com os índios no mundo todo. Eles usavam flecha e foram dizimados. A quantidade de flecha que um índio tem que fazer pra acertar uma e errar o resto é absurda, gasta uma energia imensa – por isso até que eles têm reserva florestal. Toda a energia que o índio ganha comendo uma capivara é pra conseguir caçar a próxima. Então a flecha não é a arma correta pra enfrentar ninguém, nem espada. Vamos ter que falar isso aqui.

Como é que você vai acertar a espada num cara que corre mais que você? Você vai ter que correr atrás dele até chegar perto. E nesse estúdio da Islândia é só montanha. Tem que ter preparo. Tá arriscado quando você alcançar o cara, não ter força pra levantar a espada – que todas essas espadas velhas são pesadas. Eu já tive uma espada velha. Dependendo do peso da pessoa, é mais fácil pegar a pessoa e tacar na espada do que tacar a espada na pessoa. E tem mais, se você tacar uma espada num soldado com curso de capoeira, ele dá uma gingada, desvia da espada, pega a espada e te mata. Ninguém mais usa espada, espada virou esporte, é a esgrima. Toda arma que não tem utilidade nenhuma vira esporte: lança, dardo, sinuca, bola de canhão e caiaque.

Então o certo mesmo nesse *Senhor dos anéis* era ir na ideia do Julinho e meter uma metralhadora na mão de cada um. E, claro, muita munição. Porque é muita gente pra derrubar. Agora fica o alerta aqui: esse *Senhor dos anéis* é um filme que não acaba nunca! Se você termina um filme, tem que ver o outro. Tanto que eu não quis ver o último filme com medo de ter que ver mais um.

Então nem posso dizer aqui se o filho do velho conseguiu destruir o anel. Provavelmente não. Do jeito que tava indo, parando toda hora pra comer uma pamonha, deve ter esquecido. E os idosos também devem ter se esquecido do anel, ou morrido. Eu vi no cartaz que tem uma parte que tem elefante, esse com certeza não esqueceu! Mas o que um elefante vai fazer? Um elefante não vai fazer nada.

O SENHOR DOS ANÉIS: A SOCIEDADE DO ANEL
(THE LORD OF THE RINGS: THE FELLOWSHIP OF THE RING)
Aventura, drama, fantasia
2001
Diretor: Peter Jackson
Com: Elijah Wood, Ian McKellen, Orlando Bloom
Duração: 2h58

54.

Apocalypse Now

O resgate do soldado Marlon

por **Maurílio dos Anjos**

De onde vem a crueldade humana? Existe diferença entre o bem e o mal? Por que as pessoas acham engraçado pichar a minha kombi com pênis voadores? Sempre me faço essas perguntas, seja no trânsito ou na aula de judô, e inclusive já tive oportunidade de fazê-las ao Daniel Filho, mas ele não ouviu, pois estava ocupado olhando pela janela da kombi. Então fui procurar essas respostas em outro mestre, e assisti a *Apocalypse Now*, de Francis Ford Coppola.

O filme começa quando o Exército decide que o coronel Kurtz (Marlon Brando) não tem mais o equilíbrio emocional necessário pra matar e mutilar crianças e manda o Martin Sheen (tipo um Charlie Sheen velho, só que jovem) buscá-lo. Mas ele também demonstra uma psique traumatizada, pois se tranca no quarto e se embriaga escutando The Doors. E escutar The Doors é sempre sinal de uma mente perturbada. Quanto a se embriagar, muitas vezes é necessário pra tirar o gosto de sangue ou Corega da boca. Após tomar banho e chorar um pouco, Martin pega um barco e vai atrás do Marlon.

O filme original tem duas horas, mas recentemente foi lançada uma versão reduzida com mais de três horas e meia, pra quem demora um pouco mais pra ficar deprimido e descrente na raça humana. No final, Martin encontra Kurtz, que é o Daniel Filho dele, e vê que, além de completamente alucinado, Kurtz não está financiando nenhum projeto audiovisual no momento. Vale destacar que o discurso final do Kurtz foi todo improvisado. Isso mostra o grau de insanidade em que ele se encontrava. Se o Martin demora mais um pouco pra chegar, além de improviso, o Kurtz estaria fazendo mágica e show de stand up. A guerra nos torna todos monstros.

Minha conclusão é que faltou ao coronel Kurtz a força mental do Rambo. Porque o Rambo também presenciou as inúmeras atrocidades indescritíveis de uma guerra desumana, mas no final ficou tudo bem. Ele deu a volta por cima e matou centenas de civis. Quando a vida deu um limão pro Rambo, ele não reclamou; pegou o limão e espremeu em um ferimento infeccionado. É isso: pensamento positivo, sempre!

APOCALIPSE NOW

(APOCALYPSE NOW)
Drama, guerra
1979
Diretor: Francis Ford Coppola
Com: Martin Sheen, Marlon Brando, Robert Duvall
Duração: 2h27

55.

O lobo de Wall Street

Muita droga às vezes faz mal

por **Julinho da Van**

Tenho que admitir que o Leonardo DiCaprio dá uma aula de atuação e mau-caratismo nessa história e prova ao mundo, mais uma vez, que a forma mais eficaz de ganhar dinheiro honestamente é enganando as pessoas.

Quando o DiCaprio fez esse filme, ele já não se importava mais em fazer cinema, tava cansado, só queria ganhar o Oscar, se aposentar e usar drogas na ilha dele no Caribe, mas não deu. Naquele mesmo ano, o Matthew McConaughey fez o papel de um caubói doente em outro filme, e todo mundo sabe que qualquer personagem com uma doença grave sempre leva o Oscar. Teve o Tom Hanks, que fez o Forrest Gump, o Stephen Hawking, que fez o Stephen Hawking, e mais recentemente o Gary Oldman, que fez o papel do velho obeso que sofria de tabagismo em Churchill.

Aí o Leonardo teve que adiar a aposentadoria e tentar mais uma vez, e foi se rastejando durante meses pela neve e saindo na mão com um urso pré-histórico, e aí a Academia, vendo até que ponto o DiCaprio tinha chegado em sua loucura, finalmente ficou com pena e deu a estatueta pra ele.* Porque lutar com animal é sempre

---

* O pessoal ficou com medo porque ele já tava indo às últimas consequências e podia morrer na próxima tentativa de ser o melhor ator do mundo. Se continuasse assim, o próximo filme seria só ele pulando em uma caçamba

uma sacada maneira, tipo o Rocky com aquele russo lá. Agora o Leo pode ficar quietinho na ilha dele, transando com as modelinhos dele. Decerto mais pra frente ele abre uma pousada.

Mas o que ninguém fala é que o DiCaprio já tinha se rastejado doidaço na cena da Lamborghini lá em *O lobo de Wall Street*. Uma das maiores cenas do cinema mundial até agora. E pra quê? Pra nada. Lá nos Estados Unidos eles gostam de estragar as coisas gratuitamente pra comprar outra nova. E estragar de novo. É assim que a economia americana funciona. Por isso que as casas lá são todas feitas de compensado de madeira. No caso de uma chuva mais forte ou um de um vandalismo mais sério, você já tem que comprar uma casa nova. Então arrebentaram aquela Lamborghini à toa, porque mesmo assim a academia não teve a sensibilidade de dar o prêmio pro Leonardo, porque o Oscar gosta mais de navio afundando e incêndio. Então era melhor meter fogo no carro logo. E se um filme que tem uma Lamborghini incendiada não ganhasse o Oscar de melhor drama, aí já era caso de polícia.

O lobo de Wall Street é doideira pura, mas é muito longo. Eu achei que gostava desse filme, mas, pensando bem agora, eu não gosto.

O LOBO DE WALL STREET
(THE WOLF OF WALL STREET)
Biografia, comédia, droga
2013
Diretor: Martin Scorsese
Com: Leonardo DiCaprio, Jonah Hill, Margot Robbie
Duração: 3h00

---

de entulho cheia de lâmpada quebrada durante duas horas. A Meryl Streep até se prontificou a dar uma das estatuetas dela pro Leonardo, mas ele não aceitou. É teimoso demais.

56.

Trocando as bolas

Cada cinema nacional tem o país que merece

por **Renan**

Trocando as bolas conta a história de um pobre que fica rico e de um rico que fica pobre. Apesar de ter sido feito nos Estados Unidos, essa premissa é o avô de praticamente todos os filmes já realizados no Brasil. *Tô ryca*, *Até que a sorte nos separe 1*, *Até que a sorte nos separe 2*, *Até que a sorte nos separe 3* e a novela *Rainha da sucata*.

No cinema nacional da Índia, por exemplo, essas histórias não existem. Lá eles são mais evoluídos e não acreditam em mobilidade social, então todos os filmes são sobre a impossibilidade de amar – o que faz muito mais sentido. Temos muito o que aprender com o povo indiano. E também com o povo japonês. E também com os índios do nosso Brasil. Temos que respeitar os nossos índios, meu Deus!

 O cinema nacional indiano é alegre, lá tudo é resolvido com uma dancinha e uma música pra cima. Já o cinema nacional nacional insiste em tramas nas quais tudo dá errado, e o filme vai se tornando um *Globo repórter* sobre a classe média em que todos perdem o amor, o dinheiro e o respeito de um vizinho engraçado. Ou sobre a reprodução de algum peixe do Pantanal.

TROCANDO AS BOLAS

(TRADING PLACES)
Comédia nacional
1983
Diretor: John Landis
Com: Eddie Murphy, Dan Aykroyd, Ralph Bellamy
Duração: 1h56

57.
Trainspotting: Sem limites

A realidade do jovem que passa fome na Inglaterra!

por **Rogerinho do Ingá**

Esse filme é um pescoção na cara da sociedade que diz que não tem pobre em país rico. Mentira! Tem seis na Inglaterra, e esse filme *Trainspotting* mostra a vida de terror que eles levam. Renan tá destacando e concordando comigo aqui: "Complicadíssima!"

O filme acompanha a vida de seis mendigos ingleses e sua jornada em busca da sobrevivência e da aceitação da família – parte inclusive muito difícil, que me tocou bastante como ninguém sabe, porque eu não falo do meu particular pra ninguém. Os seis mendigos moram numa casa caindo aos pedaços – que lá morador de rua tem casa – e vão pras ruas pra conseguir dinheiro e comprar remédio – remédio não é de graça lá. Carro, Julinho falou que tem de graça, porque todo mundo anda de metrô, mas remédio, não.

Agora, uma coisa que eu não entendo é como alguém pode gostar de metrô. Metrô é só ponto fraco: você não dirige – e, se dirigisse, tinha que seguir o trilho, não podia dar uma escapadinha pra assustar um velho –; você tem que levantar do banco se um idoso aparecer – fora que o banco é duro igual de praça; o trem tem porta guilhotina, que arranca a sua mão se você der mole; e o pior: se você contar o quanto anda dentro da estação pra chegar no trem, é mais fácil ir a pé direto pro trabalho. Metrô pra mim é coisa de idiota. Felizmente tenho a oportunidade de dizer isso aqui.

Mas, voltando ao filme, na casa que os mendigos ingleses moram, eles têm que se medicar sozinhos! Eles injetam remédio direto sem um médico, sem um bombeiro, sem um rapaz da banca, nada! Uma hora o garoto cata uma agulha de um cinzeiro, correndo o risco de injetar um cigarro na menina. A mesma menina que o bebê morreu de fome! O bebê estava subindo pelas paredes já. Cena muito triste!

É revoltante o descaso do governo inglês! "Se o Dinho Ouro Preto assistisse a uma cena dessa, ele voava pra Inglaterra na hora, meteria um nariz de palhaço e parava o país!", Renan gritou aqui. E parava mesmo!

Errado tá a Inglaterra, que com dez reais ingleses certamente já tinha resolvido a vida desses seis jovens pobres que tem lá. Mas como esse filme é velho, deve ter todo mundo melhorado de vida, ou morrido de fome, que dá no mesmo.

TRAINSPOTTING: SEM LIMITES
(TRAINSPOTTING)
Drama, miséria, denúncia
1996
Diretor: Danny Boyle
Com: Ewan McGregor, Ewen Bremner, Jonny Lee Miller
Duração: 1h34

58.
Sociedade dos poetas mortos

O professor de cursinho que todos tivemos!

por Maurílio dos Anjos

O nome de um filme pode ser enganoso. Eu, por exemplo, fui assistir a *Sociedade dos poetas mortos* achando que era um filme de terror, porque tinha a palavra "poetas" no título. Mas, neste filme, o Robin Williams é o professor doidão do cursinho que todos nós amamos. Ele não dá nenhuma matéria, e sim músicas que ajudam o aluno a decorar o necessário pra passar na prova, sem precisar aprender realmente a matéria. E não tem aprendizado melhor do que esse.

O grande risco de um professor legalzão é que ele pode estragar o aluno ensinando jovens a subirem em mesas e declamar poesia. São esses problemas na educação que podem acabar formando um novo Chorão, que vai subir na mesa de skate e mandar um beatbox cuspindo na sua comida. Sem falar na inconstância que o levava a dar socos na cara de outros poetas ruins. Demonstrando total falta de consciência de classe.

Sempre transgressor, Robin Williams fez com que jovens destruíssem seus próprios livros, prejudicando os vestibulandos que prestariam qualquer outro curso exceto letras. Colegas motoristas que trabalharam nesse filme relataram uma tensão fortíssima entre o pessoal de exatas e Robin, que se recusava a dar aula e só queria falar da vida e fazer merchan pro perfume Carpe Diem, que aliás é um dos Jequitis mais bem-feitos que eu já vi. Queria parabenizar os realizadores pela integração perfeita entre marca e conteúdo.

Renan me alertou sobre a possibilidade de uma sequência do filme após a morte do Robin Williams com o título: *A sociedade dos poetas mais mortos ainda*. Achei de mau gosto. Sou a favor da criação de um novo humor que não ofenda ninguém e tente agradar a todos, mas descobri que já criaram e que se chama publicidade.

 **INFORMAÇÃO DO RENAN** Ao contrário do que foi dito neste texto, Maurílio não tem amigos que trabalham em Hollywood. Nem no Brasil.

SOCIEDADE DOS POETAS MORTOS
(DEAD POETS SOCIETY)
Videoaula
1989
Diretor: Peter Weir
Com: Robin Williams, Robert Sean Leonard, Ethan Hawke
Duração: 2h08

59.

007 contra GoldenEye

Ninguém segura um James Bond focado

por Julinho da Van

Na época que este filme foi lançado, eu não tinha vídeo game, então tive que me contentar em assistir à adaptação pro cinema. E só fui entender a trama alguns anos depois, quando zerei o original do Nintendo 64, que na minha opinião é superior.

E este filme é importante porque resgatou o James Bond da sarjeta. Pra quem não sabe, James Bond é tipo um William Bonner, ou um Sérgio Marone inglês. Acontece que, no começo dos anos 90, os Estados Unidos tinham acabado de vencer a Guerra fria e, com isso, ganho o direito de organizar a Copa de 94. De um dia pro outro, os russos eram bonzinhos, e o James Bond não tinha mais serventia nenhuma, estava à beira da aposentadoria, quase sendo escalado pra filme com animal falante, ou exonerado. O último filme do 007 tinha sido *Permissão para matar*, o que é o mesmo que um *Velozes e furiosos* com o Vin Diesel de bicicleta, ou um filme do Steven Spielberg sem criança inteligente. Ou um filme nacional sem o Matheus Nachtergaele.

Assim como acontece com o grupo Polegar, quando um ator está muito velho pra interpretar o James Bond, ou desapareceu, eles substituem por um outro mais jovem e continuam como se nada tivesse acontecido. E foi exatamente isso que fizeram: demitiram o 007 antigo e contrataram o ator Brosnan, que chegou à franquia cheio de energia e preservativos.

Uma das grandes cenas deste filme, quiçá da história do cinema, é quando o James Bond tira um racha e sai dando cavalo de pau com um tanque de guerra roubado pelas ruas de Moscou.* Em horário de pico! Quando vi essa cena, pedi pro projecionista do cinema voltar o filme pra eu assistir de novo. Mas ele se recusou e chamou a segurança. Não sei por que alguém sem o menor interesse em cinema escolhe a carreira de projecionista. Ele devia ser cego, que é algo que o filme *Cinema paradiso* já denunciou, mas foi ignorado. Mas ignorar filme italiano tá certo, não dá pra criticar quem ignorou.

Enfim, até o ponto em que fui expulso do cinema, *007 contra GoldenEye* é exatamente o que você espera de um 007, cheio de charme, estilo e cenas de pessoas sendo assassinadas e jogadas de precipícios. Só não entendi o que aconteceu com o personagem da Tina Turner, que some de repente. No Nintendo 64 ela nem aparece.

007 CONTRA GOLDENEYE
(GOLDENEYE)
Ação, tiro
Nintendo 64
1997
1–4 jogadores

---

* O tanque de guerra é mais fácil de roubar, ele geralmente fica estacionado já com a chave na ignição. Porque o mercado de revenda de peças de tanque não é muito grande, então ninguém rouba muito. O dono pode estacionar tranquilo, só tira o toca-fitas e deixa o automóvel lá.

60.

Os pássaros

Imagina a trabalheira pra limpar

por **Renan**

Esse filme é uma denúncia contra essa mania de dar confiança a animal. O ser humano, quando agride alguém, tem a razão dele, mas o animal é desprovido de sensatez. A natureza é mais tensa que o trânsito, é só agressão e assédio o tempo todo. Não sei por que admiramos tanto a natureza. Até o som dos pássaros provavelmente são eles se agredindo verbalmente e se ameaçando. Só o ser humano é evoluído o suficiente pra saber usar a violência pro bem.

Pra quem não viu, a história do filme é a seguinte: fizeram uma pegadinha de uma hora e meia com a moça e esconderam um saco de milho dentro do casaco dela, o que acaba atraindo alguns pássaros que querem comer o milho, e outros que até já almoçaram e só querem bagunça. Pássaro adora ver o circo pegar fogo.

Mas um pássaro que cabia certinho num filme desses era pomba, o pior animal de todos. Ela defeca na boca das pessoas, e as fezes delas são cheias de bactérias. Umas das fezes mais prejudiciais à saúde que existem. Sempre oriento meu filho pra ele só ingerir fezes de animal se for extremamente necessário e, mesmo assim, em hipótese alguma, de pomba! Poucos pais têm esse esclarecimento.

O pugilista Mike Tyson gosta muito de pomba, mas é que o Mike não fica doente. Ele tem o sistema imunológico fortíssimo. Ele beija pombo na boca (e beija muito bem) e dorme com pombos na cama dele. Todos completamente nus. É o único momento em que ele se sente realmente livre, despido de todas as pressões e dos traumas da sua vida repleta de polêmicas. É o único animal que ele se recusa a estrangular. Mesmo recreativamente. Pode procurar vídeo do Mike Tyson estrangulando uma pomba que você não vai achar.

Então fica aqui a sugestão: faltou o Mike Tyson pra acalmar os pássaros e resolver o problema. E, se você for parar pra pensar, a presença do Mike resolveria a trama da maioria dos filmes, como *O show de Truman*, *Perfume de mulher*, *O óleo de Lorenzo*, *Cemitério maldito* e *Noivo neurótico, noiva nervosa*. Ele já nocautearia o Woody Allen na primeira cena e não precisava nem ter o resto do filme.

 **INFORMAÇÃO** *Os pássaros* é tipo um *The Walking Dead* com passarinhos no lugar dos zumbis. A única diferença é que *Os pássaros* é bom, e *The Walking Dead* é uma bosta.

OS PÁSSAROS
(THE BIRDS)
Pegadinha
1963
Diretor: Alfred Hitchcock
Com: Rod Taylor, Tippi Hedren, Jessica Tandy
Duração: 1h59

61.

Karatê Kid: A hora da verdade

Exploração infantil purinha

por **Rogerinho do Ingá**

Eu não sei como esse filme não foi proibido em mais de 160 países. Tinha que ser! É um filme em que um japonês idoso explora um adolescente idiota. O filme começa com a mãe do garoto se mudando pra um lugar novo em busca de uma vida melhor, mas sem checar a vizinhança do local, e taí o grande erro dessa mãe. Provavelmente acreditou em algum corretor de imóveis, que é sempre um grande erro na vida das pessoas.

O garoto logo se envolve com ciclistas e começa a ir pra cima e pra baixo de bicicleta. E a mãe aceita!!! O mocinho do filme, o loiro lá, aquele da academia, ainda tenta ajudar o Daniel San, jogando ele e a bicicleta barranco abaixo, mostrando o perigo que é andar de bicicleta. Mas o Seu Miyagi, o que que ele fez? Ele consertou a bicicleta! Safado! Tudo premeditado.

Depois fez o velho truque de pegar mosca com palito pra atrair o garoto. Já passou da hora da sociedade acordar pra esse truque! Minha van, por exemplo, é cheia de mosca, você pega com a língua se quiser, ninguém precisa pegar com palito. Nem palito tem na minha van!

Na hora que o Daniel San foi entrar na academia do herói, mesma coisa. O tal do Seu Miyagi apareceu e falou que ia treinar o garoto de graça. Mas não era de graça, era em troca de trabalho forçado! Renan tá falando aqui: "É porque esse Daniel não tem pai, Rogerinho! Se ele tivesse pai, e o pai perguntasse: tá fazendo aula de karatê onde? Ah, papai, tô fazendo aula com um japonês de barbicha, não paga nada, só tem que ficar agachado, limpando o chão e depois sem camisa passando cera no carro. O pai já ia lá e ia meter a porrada no idoso!!!"

Tá certo o Renan! Sem falar na frota que esse Seu Miyagi mantinha em casa, mais de cinquenta carros, todos reféns do capricho desse senhor. Porque os carros não estão na rua, rodando, sendo felizes?! Pra isso não tem resposta! Nem em letrinha de tatuagem.

Várias vezes o Johnny tentou salvar o Daniel San: teve aquele momento que ele acabou com o ambiente de música na praia – o "inofensivo" luau – tacando areia em todo mundo usando uma moto. Depois tentou colocar o Daniel San na gangue de esqueleto dele, mas, na hora do batismo, o Seu Miyagi atrapalhou.

Mas o pior foi na hora de inscrever o Daniel San no campeonato. Seu Miyagi, na frente de todo mundo, burlou as regras da inscrição, porque já estava fora do prazo.

Era pro filme ter acabado ali no momento da inscrição. Já subiam as letrinhas. Mas não, obrigaram o garoto a apanhar de todos os outros lutadores na frente da família e da namorada! Errado! E, como se não bastasse todo esse problema, o filme ainda termina com o mocinho perdendo! Na última luta, o Daniel San dá um golpe COMPLETAMENTE ILEGAL no inocente do Johnny e ganha o campeonato.

Maurílio tá dizendo que o golpe foi legal. Como é que foi legal? Se fosse legal ele tinha dado esse golpe desde o começo do campeonato. Foi roubado isso aí! Não recomendo esse filme. Tenta ver o novo Karatê Kid que pelo menos é com o Will Smith.

 **INFORMAÇÃO DO RENAN** Só pra alertar a população da burocracia que é hoje pra inscrever um pré-adolescente em um campeonato de artes marciais, Rogerinho. É inaceitável. Tô há meses pra inscrever Renanzinho num campeonato de quebrar tijolo com a cabeça e não consigo. E o garoto lá, treinando todo dia. Às vezes esquece até o próprio nome, de tanta dedicação.

KARATE KID: A HORA DA VERDADE
(THE KARATE KID)
Ação, drama, família
1984
Diretor: John G. Avildsen
Com: Ralph Macchio, Pat Morita, Elisabeth Shue
Duração: 2h06

62.
Feitiço do tempo
É preciso amar as pessoas
como se não houvesse Renato Russo
por **Maurílio dos Anjos**

Feitiço do tempo é sobre um cara que fica preso no mesmo dia e faz tudo sempre igual, perde sua humanidade e se torna um pálido reflexo do que um dia foi. Resumindo, é tipo um Stories do Instagram. E, acompanhando aquela rotina deprimente, pensei que era um documentário. Mas aí, quando vi que a única coisa que faz com que o feitiço seja quebrado e a vida dele vá pra frente é o amor, percebi que era ficção. No filme, Bill Murray (uma espécie de Wagner Moura velho) acorda sempre no mesmo dia, mas não fica explicando por quê. Provavelmente um raio caiu nele. No cinema, tudo o que não tem como explicar eles dizem que foi porque caiu um raio. Mas nos filmes brasileiros não há verba pra raio, e eles usam um elevador, como em *Se eu fosse você 1*, e em *Se eu fosse você 2*.

Ao perceber que se tornou imortal e que viverá o mesmo dia eternamente, Bill Murray começa a aproveitar a vida ao máximo e se entope de doce, agride estranhos na rua e deixa de dar seta, mas acaba percebendo que nada disso o faz feliz. No fim, o que o faz feliz é conquistar seu grande amor através de mentiras e gestos vazios. Fica a lição: a vida é muito curta e, se não nos esforçarmos pra conquistar quem amamos com mentiras e gestos vazios hoje, talvez amanhã não dê tempo.

Assistindo ao filme, começamos a nos fazer grandes questionamentos relacionados à experiência humana: "o que é o amor?", "a cena do raio foi cortada?" e "de onde eu conheço o ator que interpreta o cameraman?" (cujas respostas são, respectivamente, "amor é a vontade de transar com alguém mais feio que você", "provavelmente, sim", e "acho que ele fez *Quem vai ficar com Mary?*, mas não tenho certeza"). Com muitas reflexões dessas sobre a vida e de cenas do Bill Murray ofendendo idosos, *Feitiço do tempo* foi um grande sucesso de bilheteria e, anos depois, originou uma continuação, *Encontros e desencontros*, só que, dessa vez, quem tem a sensação de estar preso pra sempre no mesmo lugar é a pessoa que assiste ao filme.

Mas vale lembrar que a situação do Bill Murray em *Feitiço do tempo* não é só alegria e alcoolismo inconsequente. Há vantagens e desvantagens. Uma vantagem seria ficar preso no dia do seu aniversário. Uma desvantagem seria ficar preso no dia do aniversário de algum parente e ter que telefonar pra parabenizá-lo e fingir que se importa com ele todos os dias até morrer.

FEITIÇO DO TEMPO
(GROUNDHOG DAY)
Comédia, fantasia, romance
1993
Diretor: Harold Ramis
Com: Bill Murray, Andie MacDowell, Chris Elliott
Duração: 1h41

63.

Rambo: Programado para matar

Nunca mexa com um soldado psicopata que tá bolado no canto dele

por Julinho da Van

Esse é um filme que é melhor de ver com o carro estacionado, porque é muito tenso. Eu não vou nem entrar no mérito de *Rambo II – A missão*, que tem o melhor nome de sequência de filme já criado, nem do *Rambo* III, em que o Stallone explode o helicóptero com uma flecha. Tem muita morte diferente, é bem eclético nesse sentido. Outro dia me mandaram um vídeo no YouTube só com os melhores momentos da franquia, sem as partes de diálogo ou as mortes menos criativas. Baixei num pen-drive e assisto direto na Sprinter. Mas é no *Rambo I* mesmo que o Rambo mostra por que é uma máquina de guerra.

Utilizando toda a experiência adquirida em anos de escotismo, o Rambo fica escondido na selva de uma cidade americana, matando todos os policiais que estão atrás dele só na faquinha. Pra você que é jovem e não viu o filme entender: o Rambo é tipo um moleque de 12 anos enfrentando o tio de 50 no Call of Duty. Ele brinca de matar nesse filme.

A história do Rambo é que ele é um andarilho que vive passeando depois que volta do Vietnã, triste e perturbado porque teve que matar centenas de inimigos e foi o único sobrevivente. Ao chegar na cidade do interior dos Estados Unidos, ele toma uma dura do

xerife local e, como não tá com droga nenhuma, toma um apavo-ro. Lá o procedimento é esse. Ele tem que rodar na viatura com o policial tocando o terror psicológico pra cima dele. E quem conhe-ce o Rambo sabe que ele não gosta de tomar esculacho de graça. E ele tá errado por acaso?

O xerife não desiste, fica zoando o cabelinho do Rambo e depois ainda dá um banho gelado de mangueira nele amarrado. Você não pode mexer assim com a vaidade de um homem. Mas ele segura a onda, sempre humilde, e não espanca ninguém ainda. O xerife continua implicando e dizendo que ele tem que vazar da cidade. Só que o xerife não tá ligado que o Rambo só sabe obedecer a uma ordem: a de matar. E ele só respeita um único homem: o coronel

Trautman, uma espécie de Zagallo dele. Mas o coronel não tá lá pra apaziguar, e, por causa da inconsequência do xerife, a polícia local inteira sofre, porque de repente o inconsciente do Rambo resolve dar uma ordem: matar geral. O que foi uma sorte, porque, como eu disse antes, é justamente a única ordem a que ele obedece. Se a ordem tivesse sido "lembrar de pagar a conta de gás", o Rambo tinha ignorado, e o gás teria sido cortado.

Então, pro azar da PM americana, o Rambo acha uma floresta colada na cidade. E na floresta todo mundo sabe que o Rambo brilha. Ele usa suas memórias traumáticas de quando foi torturado e faz a festa com a PM. Quando a situação já tá saindo do controle e o Rambo já matou metade da força policial, o pessoal, com medo de ficar sem polícia e ter que abrir um concurso público,* decide ligar pra casa do coronel Trautman. Assim que desliga o telefone, o coronel termina o almoço rapidão e vai direto pra floresta. Chegando lá, o xerife marrento não vai com a cara dele e avisa que ele não vai conseguir salvar o pupilo. Aí o coronel, esse grande homem, no melhor diálogo do filme, diz que não tá ali pra salvar o Rambo da polícia, tá ali pra salvar a polícia do Rambo. Só então o xerife entende o tamanho da merda que fez em mexer com o Johnny Rambo. Mas aí já era tarde demais.

RAMBO: PROGRAMADO PARA MATAR

(FIRST BLOOD)
Ação, aventura, drama
1982
Diretor: Ted Kotcheff
Com. Sylvester Stallone, Brian Dennehy,
Richard Crenna, Coronel Trautman
Duração: 1h33

* É muita papelada!

63.
Um tira da pesada
É cada uma do Eddie!
por **Renan**

Eddie Murphy interpreta um policial extremamente bem-humorado de Detroit, uma cidade conhecida pelos seus tiras, como o Robo-Cop, o Eddie Murphy e o RoboCop 2. Lá roubam muitos toca-fitas. Já Los Angeles tem mais tráfico de drogas, perseguição de carro; é a Disneylândia da polícia, o grande sonho do profissional da segurança pública.

E esse sonho se realiza pro Eddie Murphy quando matam o melhor amigo dele. Amigo que também foi interpretado pelo Eddie Murphy. Porque ele só aceita participar de um filme se puder fazer mais de oito personagens. *Náufrago* ele recusou por isso. E apesar do Tom Hanks ser tão versátil quanto o Eddie Murphy, e de ter, sim, o seu talento, que tem que ser reconhecido aqui, tiveram que colocar uma bola de vôlei no papel de Wilson, que originalmente era um rapaz mudo com problema de retenção de líquido que virava escravo sexual do náufrago, que, depois de ficar anos naquela ilha, dava uma secada legal e adquiria um corpo bastante interessante.

Numa das cenas mais inusitadas do filme, o Eddie Murphy enfia uma banana no escapamento do carro de um criminoso (interpretado por ele) pra impedi-lo de dar a partida, uma técnica muito usada antigamente. Mas atualmente eu não recomendo, porque hoje, com essa onda orgânica, o carro pode até ser movido a banana, você não sabe. Você pensa que está avariando o veículo, quando, na verdade, está abastecendo. Aí o criminoso chega, dá a partida e você tem que sair correndo atrás dele. E pior, se você tiver uma câimbra no meio da perseguição, não vai nem ter mais a banana pra repor o potássio. Então o mais fácil é alvejar a pessoa preventivamente antes que ela faça qualquer coisa.

 Com a dose certa de bom humor e assassinato, e uma trilha sonora bem animada ("Heat is on! On the street! Tanan-nanana-tana-nanana! Ouô-ô, ouô-ô!"), *Um tira da pesada* é diversão garantida, mas as continuações ficaram um pouco abaixo e perderam a oportunidade de usar o recurso do "mais ainda" no título: "Um tira mais da pesada ainda", ou "Um tira extremamente pesado". Só que aí talvez o público leigo confundisse com *O professor aloprado*, outro filme policial do Eddie Murphy.

UM TIRA DA PESADA
(BEVERLY HILLS COP)
Policial
1984
Diretor: Martins Brest
Com: Eddie Murphy, Eddie Murphy
Duração: 1h45

65.
Top Gun – Ases Indomáveis

A sociedade tem que entender o amor, nem que seja na base do míssil teleguiado

por **Rogerinho do Ingá**

Recomendo esse filme pra todos os jovens que acham que velocidade é só coisa de van e de profissionais do transporte alternativo. Não é, não! Tem muita gente andando rápido por aí, e são esses pilotos de avião de guerra americano. Eles voam e quebram a barreira do som que nem nós – tem que acabar o som! E eles ainda usam mísseis e metralhadoras – um dos meus sonhos.

A metralhadora do motorista é a buzina, mas como ela atinge todos os lados, o piloto precisa complementar a informação, olhando e xingando o alvo. E aí fica uma dica pra vocês pedestres que ficam de carinha feia quando ouvem uma buzina: olhem pro motorista antes de reclamar! Se ele não estiver olhando pra você, a buzina não é pra você! Segue a sua vida, para de fazer careta e de olhar feio! O Brasil precisa de alegria!

Agora, voltando pro filme, os pilotos recebem o título de ases indomáveis, porque eles são indomáveis mesmo, ninguém segura eles: os caras jogam vôlei de calça jeans, andam com o avião de cabeça pra baixo, derrubam cafezinho do comandante otário, abandonam o avião só pra saltar de paraquedas e ainda pousam em cima de navio!! Os caras não querem nem saber! Mandaram asfaltar um navio só pra pousar em cima. Aqui, se você estaciona em cima de um grupo de surfistas, o pessoal já quer te multar.

Por mim já asfaltava o oceano todo. Quem quiser mergulhar, vai procurar uma piscina. E peixe já tem aquário. Imagina a quantidade de estacionamento, rua e garagem que dá pra fazer no oceano?! Mas como isso é impossível, pelo egoísmo das pessoas, podia pelo menos meter uma esteira rolante gigante num navio desses, que aí daria pra gente ir pra Europa dirigindo. Não tem navio que tem cassino? "Tem navio que tem Roberto Carlos, Rogerinho!", destacou o Maurílio aqui. Olhaí!

Agora, o filme foi sabotado! Isso tem que ser escrito. Tudo preparado pro romance entre Tom Cruise e o rapaz lá, o russo americano, o Iceman (mão de gelo em inglês), mas, no final do filme, por força da sociedade preconceituosa, o Tom Cruise toma um assédio moral no trabalho e é obrigado a ficar com a comandante dele, a gerente Kelly. Decepcionante.

E outra traição no filme é a do amigo do Tom Cruise, que simplesmente abandona a aeronave dele em pleno voo só porque ela tava pegando fogo. Não existe isso! Você não pode abandonar o seu veículo assim. Não dá pra pousar pegando fogo?!! Claro que dá! Dá pra fazer qualquer coisa pegando fogo. Eu já calibrei pneu pegando fogo. Você tem que conhecer o seu veículo, ter calma, ter consciência. Você está com o seu carro pegando fogo? Encosta num posto de gasolina e pronto. Eles vão te ajudar. Deixo essa dica aqui.

Mas a única coisa ruim do filme é a música. Um inferno! É o tempo todo tocando música, os atores não têm um segundo de paz. Vai andar de moto sem capacete? Música! Vai pegar uma sauna com os amigos? Música! Vai explodir o avião inimigo? Música! Vai pro bar tocar piano? Música! Parece um videoclipe de duas horas!

Tanto que fui obrigado a ver o filme todo no mudo e acabei perdendo um pouco da história, mas sei que o pianista lá morreu, o pessoal se formou na faculdade e os Estados Unidos venceram no final.

TOP GUN — ASES INDOMÁVEIS

(TOP GUN)
Romance
1986
Diretor: Tony Scott
Com: Tom Cruise, Val Kilmer, Kelly McGillis
Duração: 1h50

66.
Jamaica abaixo de zero

A derrota da superação

por **Maurílio dos Anjos**

Um dos filmes mais emocionantes já feitos no cinema é *Jamaica abaixo de zero*, porque nada é mais emocionante do que pessoas despreparadas e ingênuas sendo humilhadas no gelo.

Nessa linda história de superação que dá errado, quatro pilotos de carrinho de rolimã jamaicanos sonham em disputar as olimpíadas de inverno, que é tipo as olimpíadas do Faustão, só que de inverno. Racionalmente, nada disso faz sentido, porque o carrinho de bobsled não tem rodas, e na Jamaica não tem neve. Mesmo assim, esses quatro pilotos, contando com o apoio de um treinador picareta estranhamente muito motivado, conseguem a vaga na competição e partem confiantes rumo ao fracasso.

Através de um crowdfunding, que é uma espécie de mendicância coletiva, na qual pessoas que têm pena de você te ajudam a realizar um sonho que você jamais teria competência pra realizar sozinho, eles conseguem um carrinho de bobsled precário, todo cheio de buracos e sem a pintura apropriada, uma das coisas mais importantes numa competição de esporte de rico.

O roteiro se baseia na clássica premissa humilhador e humilhado, pois todo mundo sabe que o público aos poucos vai se apegando ao personagem perdedor, como nos casos do Rocky Balboa ou do Matt Damon, que perdem o tempo todo, mas, no final, ganham preenchendo a lacuna traumática deixada pela história de

Jesus. O que não acontece em *Jamaica abaixo de zero*, filme em que os personagens terminam mais humilhados ainda, voltando pra Jamaica a pé, carregando o bobsled nas costas ao som de uma música triste.

O filme é bastante verossímil, pois jamaicanos nunca venceriam nenhuma competição de inverno. Mas uma coisa no filme é mentirosa e me incomoda: um dos atletas passa o filme inteiro carregando um ovo de galinha no bolso da calça, e o ovo não quebra, o que não é possível, porque o ovo quebra até naquela caixa de ovo que foi feita pra guardar o ovo com segurança. Ovo é sensível e nasceu pra quebrar, senão o pintinho ia ficar preso lá dentro pra sempre gritando desesperado e, quando você fosse fritar um ovo, ele ia sair voando, atacando o seu rosto, querendo te desfigurar, e você ia derrubar a frigideira com óleo fervendo no seu filho, como aconteceu com o Renanzinho.

JAMAICA ABAIXO DE ZERO
(COOL RUNNINGS)
Aventura, comédia, família
1993
Diretor: Jon Turteltaub
Com: John Candy, Leon, Doug E. Doug
Duração: 1h38

67.

Alien – O oitavo passageiro

Não tinha que ter atendido aquele telefone

por Julinho da Van

Eu comecei a ver o filme achando que era o Alien entrando numa com um passageiro na van, mas é tudo no espaço, dentro de uma nave. Mas já aviso logo: pode pular os primeiros quarenta minutos que não acontece absolutamente nada. É só o pessoal acordando. Parece até o Maurílio. Acorda igual uma lesma, fica meia hora se espreguiçando, tem que esperar fazer ginástica, tomar café da manhã, ler o jornal, limpar a piscina, reclamar das coisas, e aí começa o filme.

Pode ir direto pra hora que o mecânico abre a boca e revela que é safado, como todo mecânico. O Renan tá reclamando aqui que "se você conhece o seu veículo, você não tem necessidade de levar pro mecânico". E não tem mesmo! Mas é que, naquela época, o futuro era muito atrasado, as naves davam mais defeito, não tinha essas tecnologias dos foguetes de hoje. Antigamente era carcaça de Mercedes, turbina de avião e um controle de Atari. Pode ver pelas imagens. Aí quebrava mesmo. Hoje os foguetes não quebram mais. Se der defeito, ele explode direto. Não precisa consertar, você já começa outro do zero.

Agora, no filme, várias atitudes idiotas levaram o Alien a fazer o estrago que fez: primeiro, não tinha que descer em planeta nenhum. Telefone tocou no espaço? É engano, irmão! Não atende! Conhece alguém no espaço? Segundo, encontrou um ovo de alienígena? Sai fora na hora, não tem que investigar nada! Onde tem

203

ovo, tem galinha. Terceiro, e o pior de todos, o ovo abriu, saiu fumaça? Não mete a cara pra olhar! Ninguém vê pegadinha no espaço, não?! Se você olhar dentro de um buraco na rua, toma uma torta na cara. Isso é o básico da pegadinha. Faltou maldade pra tripulação.

Outra coisa, eu acho que também faltou foi sensibilidade do astronauta que foi infectado pelo Alien e acordou meio tonto, passando mal. O cara me inventa de comer um macarrão antes de dormir? Que ideia idiota! Macarrão é pesado, e carboidrato de noite não existe. Ainda mais macarrão de avião, sem tempero, sem nada. O Alien se revoltou e saiu de dentro do cara estourando tudo. Pensei até que era merchan de sal de frutas, mas não era. E o bicho era tão alienígena que a língua dele tinha outro alienígena dentro! E o sangue dele era ácido, saía derretendo tudo. Se aquele Alien te pica, você pega uma dengue hemorrágica na hora! Ainda bem que ele matava direto, não ficava enrolando.

Enfim, recomendo assistir a esse filme, tem bastante ação e sobra pouca gente no final. Infelizmente, tenho que dar um spoiler aqui, pra não deixar essa dúvida que todo mundo tem, mas eu que vi o filme com atenção não tenho: A Sigourney Weaver ficou contaminada do bicho sim, ok? É só você ver todos os filmes de Alien que ela foi obrigada a fazer depois. E até hoje, li isso numa revista aí, quando toca o celular dela e é número desconhecido, ela fica com medo de ser outro Alien pra ela fazer. Ela nem atende telefone mais. Por isso que anda meio sumida do cinema.

ALIEN, O OITAVO PASSAGEIRO
(ALIEN)
Transporte
1979
Diretor: Ridley Scott
Com: Sigourney Weaver, John Hurt, um cara fantasiado de Alien
Duração: 1h56

68.
A paixão de Cristo

Todo mundo odeia o Cristo

por **Renan**

Depois de sobreviver a dois desastres aéreos, sobreviver numa ilha, sobreviver no mar, sobreviver no espaço, sobreviver num check--in de aeroporto, sobreviver à infância, sobreviver na guerra e sobreviver numa reforma feita por péssimos profissionais da construção civil, Tom Hanks seria o nome mais cotado pra fechar sua franquia de filmes de sobrevivência com chave de ouro e superar tanta superação sobrevivendo a uma crucificação em *A paixão de Cristo*, do Mel Gibson. E o Tom Hanks tem talento pra isso, mas infelizmente não foi escalado pro papel.

Sem contar que, no filme do Mel Gibson, ninguém gosta de Jesus porque ele é um revolucionário pra época, um problema de carisma que não iria acontecer se fosse o Tom Hanks, um ator de quem todo mundo gosta. Tom faria um Jesus mais pra toda a família, que resolveria as coisas de forma mais leve, em vez de ficar arrumando confusão com os imperadores romanos e sendo espancado.

 O título Todo Mundo Odeia o Cristo já quase foi de uma série cômica do SBT que mostrava a adolescência de Jesus em seu bairro em Nazaré.

A PAIXÃO DE CRISTO
(THE PASSION OF THE CHRIST)
Drama
2004
Diretor: Mel Gibson
Com: Jim Caviezel, Monica Bellucci, Cid Moreira
Duração: 2h07

69.
Sem licença para dirigir

Correto!

por **Rogerinho do Ingá**

Quase ninguém conhece esse filme, porque ele passava na *Sessão da tarde* de antigamente, e muita gente já morreu de lá pra cá. Mas é um filme que o nome já é errado, e isso afasta também quem é do universo do trânsito, como nós e vocês.

Porque ninguém precisa de licença pra dirigir. Você pega o carro e dirige. Tanto que você aprende a dirigir antes de tirar a licença. E, se as autoridades te dão a licença, significa que você já estava dirigindo antes. E não tem problema nenhum você dirigir sem licença, o carro não explode – não por isso. Então a licença não serve pra absolutamente nada, e o título desse filme deveria ser apenas: dirigir.

Mas, quando você começa a assistir ao filme, tu vê que, na verdade, o filme é um grande drama, uma grande denúncia, um grande alerta de como a burocracia pode exterminar o sonho do adolescente sério, que é dirigir um veículo motorizado. Nos Estados Unidos, eu fiquei inclusive surpreso com essa informação – o Renan disse que é normal –, você tem que fazer uma escola de verdade, se quiser aprender a dirigir! Olha isso.

Não é aulinha de placa de trânsito, não, nem livrinho que você já compra pronto. É matemática, é física, é inglês, até história você tem que saber pra pegar sua carteira. O Julinho jamais seria habilitado nos Estados Unidos. E o pior: o Maurílio seria habilitado nos Estados Unidos! Olha o perigo! Eu, felizmente, sigo a minha própria consciência e jamais precisei tirar licença pra dirigir. Não uso seta, não piso no freio, não fecho o vidro, não abro a porta. Que que eu vou fazer com uma carteira de motorista? Nada.

O garoto do filme, Anderson, tem uma semana pra conseguir a carteira de motorista e largar de vez o caminho do ciclismo – que o "dito melhor amigo" dele fica oferecendo. E faço o alerta aqui: vocês têm que cair fora dessas amizades de ciclismo, hein! – se te chamarem pra night-bikers, vocês não vão, não!!

Agora, a parte mais tensa do filme é a hora da prova de múltipla escolha. Já aviso logo pra ninguém ter esperança: o garoto perde a prova! E não tinha como ele passar! Eu, que tenho mais de 40 anos de direção, errei todas! Os caras colocam todas as opções erradas, e não são situações reais, não tem, por exemplo, uma pergunta sobre qual é a melhor forma de subir numa calçada, de arrebentar um muro, ou de incendiar o carro de um concorrente de rota. Coisas do nosso cotidiano. Aí acontece a situação, o profissional não sabe como proceder corretamente, acaba usando a criatividade e morre todo mundo. Errado!

Mas o momento mais emocionante do filme é a corrida final, quando o adolescente Anderson, mostrando que é habilidoso o suficiente pra dirigir sem precisar de carteira, leva a mãe grávida pro hospital só dirigindo de ré!! É a minha cena predileta, me lembrou da minha infância, quando eu só dirigia de ré a 60 por hora pra botar na vaga o carro do médico vereador que morava na minha rua. Eu contei essa história em alguma parte desse livro. Se informe!

SEM LICENÇA PARA DIRIGIR
(LICENSE TO DRIVE)
Comédia
1988
Diretor: Greg Beeman
Com: Corey Haim, Corey Feldman, Carol Kane
Duração: 1h28

70.

Avatar

O perigo do youtuber hippie

por **Maurílio dos Anjos**

Clássico spin-off da animação *Os Smurfs* em live-action, com o diferencial de não ser live-action nem animação, nem ter muito a ver com *Os Smurfs*.

Avatar rompeu diversos paradigmas do cinema mundial ao contar a história de um youtuber que vai pra uma rave em uma comunidade hippie ultradesenvolvida e acaba se apaixonando por um cavalo voador depois de conectar seus longos cabelos na entrada USB do animal. No final, o cadeirante se revolta contra o capitalismo, os Estados Unidos e o YouTube e decide ficar na festa rave pra sempre pra viver um grande amor. Aqui cabe parabenizar a produção da rave pelo comprometimento com o tema da acessibilidade ao criar uma tecnologia que proporciona aos portadores de necessidades especiais as mesmas oportunidades pra se drogarem e terem seus celulares roubados que as outras pessoas sempre tiveram.

O enredo é inspirado em fatos reais, pois Renan sempre comenta que, quando ele transporta adolescentes pra raves, normalmente tem um ou outro que decide não voltar. Muitas vezes porque eles encontraram o amor ou porque o cabelo ficou preso em algum animal.

Esse protagonista youtuber é obrigado pelo Exército a gravar vídeos diários falando tudo o que tá fazendo, que fez ou o que vai fazer, induzindo ele à depressão típica dos youtubers. Mas conforme ele nada em um lago, corre atrás de uma hippie que o faz sofrer e pula de bungee jumping como um jovem curtindo sua liberdade, esse digital influencer deprimido encontra uma razão pra viver. Quem teve a oportunidade de assistir a um comercial de cigarro sabe que é através dos desastres naturais e dos esportes radicais que se encontra o sentido da vida.

O filme cumpre seu papel ao deixar uma bela mensagem pro mundo: curtam a natureza antes que ela acabe, pois os americanos estão atrás de minérios. E matando hippies. Mas com isso ninguém se importa. Uma pena.

AVATAR
(AVATAR)
Ação, aventura, fantasia
2009
Diretor: James Cameron
Com: Sam Worthington, Zoe Saldana, Sigourney Weaver
Duração: 2h42

71.

Striptease

Mulherio fortíssimo!

por **Julinho da Van**

Só faltou carro e explosão.

STRIPTEASE
(STRIPTEASE)
Comédia, crime, drama
1996
Diretor: Andrew Bergman
Com: Demi Moore, Burt Reynolds, Armand Assante
Duração: 1h55

72.

Ghost: Do outro lado da vida

Um Mister M dos fantasmas

por **Renan**

Quem, assim como eu, for assistir a esse filme achando que o Patrick Swayze é um androide vindo do futuro pra ajudar a Demi Moore a encontrar uns assassinos, vai se surpreender. Não é nada disso. Só avisando aí pro pessoal não se decepcionar. Nem terror é. *Ghost* é um romance que mostra como é o outro lado da vida fantasma. A história mostra a Demi Moore ainda uma jovem mulher, que usa do artesanato pra viver. A família acaba passando por dificuldades financeiras, porque, além de o artesanato ainda sofrer muito preconceito (meu inclusive), o Patrick Swayze, que é marido da Demi (e não é um robô do futuro, peço atenção sempre a isso), fica toda hora encoxando ela no trabalho, inclusive de madrugada, estragando várias peças que ela faz e dando prejuízo.

Mas o Patrick morre e, quando tudo apontava pra um caminho livre pra Demi, com o artesanato podendo fluir sem interrupção, o marido volta na forma de fantasma pra encher o saco dela, forçando a barra pra ela resolver umas burocracias na delegacia, dando beijo na boca da Whoopi Goldberg, enfim, perturbando, que até é o ofício do fantasma, mas pra quê? Já morreu! Quer arrumar coisa pra fazer? Vai ficar vendo gente trocando de roupa, assustando criança respondona, empurrando motoboy, tocando a campainha e ficando parado, aparecendo em foto atrás da cortina, arrastando corrente, batendo porta, escondendo controle remoto!

Mas um dos maiores problemas que eu vejo com essa revelação do *Ghost* é que, quando você morre, você fica vestido com a roupa que estava usando quando morreu. Então quero alertar a todos pra ter mais atenção na hora de escolher uma calça, uma camisa antes de sair de casa quando for ser assassinado.

 Os fantasmas não têm o corpo de lençol, como acreditava a ciência. Os fantasmas têm o corpo da pessoa que morreu. Tanto é que o Geleia do Caça-Fantasmas era daquele jeito mesmo quando vivo, é que ele morreu de picada de abelha. O Maurílio disse que não foi isso, que "é porque, se não fizessem o fantasma com o mesmo corpo do ator principal, no caso o Patrick, ele sairia do filme na primeira cena e o cachê dele foi muito alto". Maurílio sabe muito de cinema! Mas não é nada disso, não.

GHOST: DO OUTRO LADO DA VIDA

(GHOST)
Romance sem robôs do futuro
1990
Diretor: Jerry Zucker
Com: Patrick Swayze, Demi Moore, Whoopi Goldberg
Duração: 2h07

73.
Férias frustradas

Por que não foi de van?

por **Rogerinho do Ingá**

Esse filme *Férias frustradas* poderia se chamar só *Férias*, porque, em geral, as férias são sempre frustradas. E o Chevy Chase foi muito criticado – à toa – por ter decidido viajar de carro, em vez de ir de avião. Errado! Quando você viaja de carro, a ida já é o começo das suas férias, e não tem nada melhor do que curtir suas férias dirigindo. E, chegando lá cansado, você realmente descansa, não fica arrumando coisa pra fazer, que é o principal erro das férias. Por mim a viagem era só isso: vai e volta direto.

Uma vez tive um dia de folga na cooperativa – um protesto lá que uns otários foram por mim – e me mandei pra Florianópolis de van numas férias de 24 horas. Cheguei lá, peguei o primeiro retorno e voltei direto, 36 horas dirigindo sem parar. Foi muito bom! Ainda deu pra emendar no trabalho.

Mas, no filme, o Chevy cometeu o erro de comprar uma Belina. Porra, vai viajar com a família? Vai de van, de furgão, de micro-ônibus, até de kombi dá, mas não vai de Belina. Quando você viaja com a família, o mais afastado que você puder ficar dos seus parentes, melhor. Nesse caso, o ideal mesmo, vou ter que falar isso aqui, era ele comprar um ônibus de turismo, e cada parente ficar bem separado, e você ir dirigindo blindado na cabine. Você tranca a porta por dentro, desliga o telefone, e o ônibus pode estar pegando fogo que ninguém vem te perturbar.

Mas, enfim, apesar do Chevy ter tomado uma volta do vendedor, ele se saiu muito bem na viagem, porque foi com a mulher, os dois filhos adolescentes, uma idosa e um cachorro e não matou ninguém, nem se matou – a idosa morreu sozinha. Eu até pensei que ele ia levar a família pro outro lado dos Estados Unidos e deixar eles lá. Aí, sim, seriam férias boas! Mas ele não teve essa ideia. Eu ia sugerir do cachorro ir do lado de fora do carro, preso na coleira, mas o filme mostrou que, se você fizer isso nos Estados Unidos, você é multado.

Mas o Chevy sentiu mesmo a falta de um veículo maior na hora de despachar a idosa morta. Nem a Belina, que é muito usada como carro funerário, tem estrutura pra manter um cadáver por mais de 12 horas no calor junto com mais quatro pessoas – o cachorro também morreu. Se fosse uma van, era só enrolar a idosa num saco preto grosso, quatro voltas de fita, meter debaixo do banco e ir curtir um trem fantasma. Podia até deixar a velha lá. Ou resolvia na volta.

Mas a melhor cena é quando o Chevy dorme no volante. Muito boa! Os Estados Unidos são o paraíso pra dormir no volante, só retão sem nenhum obstáculo – nem árvore no acostamento tem. É tudo deserto. Só tem o perigo de tu sair da estrada dormindo e ficar dormindo pra sempre até acabar a gasolina. Aí, quando você acorda, arriscado estar no meio do deserto e vir uma cobra e te matar, mas fora isso dá pra dormir tranquilo.

FÉRIAS FRUSTRADAS
(NATIONAL LAMPOON'S VACATION)
Aventura, comédia
1983
Diretor: Harold Ramis
Com: Chevy Chase, Beverly D'Angelo, Imogene Coca
Duração: 1h38

74.

Cocoon

Duas horas de hidroginástica
por **Maurílio dos Anjos**

Um filme legal pra você colocar na sua van quando estiver transportando idosos ou paquerando uma senhora. O filme é a gravação de uma grande excursão da terceira idade pra Poços de Caldas, São Lourenço, Caldas Novas e outros lugares cheios de piscina, o que transforma a película numa grande aula de hidroginástica.

Vovôs e vovós passam o tempo todo na piscina nadando e saem de lá salientes, cheios de energia, dirigindo carro, bebendo, dançando, ou seja, dando trabalho pra família. Porque eu conheço os bastidores do audiovisual e sei que, se numa cena dessas um deles escorrega, quebra um fêmur, esfarela um ombro ou tosse sangue, acaba sobrando pra mim. Tenho que levar o idoso pro hospital ou deixar o corpo na frente de outra emissora. E essa piscina é muito perigosa, a água tá cheia de ovos de alienígenas. E são esses ovos que dão energia pros idosos, uma espécie de anabolizante alienígena e, ao contrário do que o Julinho diz quando soca as paredes, anabolizante faz mal. Olhem o caso do Arnold Schwarzenegger por exemplo, que abusou dos esteroides na terceira idade, ficou todo derretido e foi obrigado a virar governador da Califórnia, um dos poucos empregos que a condição de saúde dele permite exercer, embora ainda tenha dificuldade em tirar a caneta do bolso, devido ao excesso de músculos.

Uma das partes mais emocionantes do filme é quando um dos heróis, o policial Mahoney do *Loucademia de polícia* – um belo filme – é seduzido pela alienígena. Foi amor à primeira vista, o que prova que, não importa se você tem treinamento policial, de qualquer forma, você será enganado pelo amor, e o Mahoney sempre foi muito romântico. Tudo bem que em *Loucademia de polícia* tinha aquele ator que imitava um policial que imitava os sons das coisas e o Mahoney, e todos nós éramos enganados por ele o tempo todo. Mas era comédia. Ele imitava o som de uma galinha sendo metralhada, e todos nós dávamos muitas gargalhadas. Mas aí a câmera chegava pro lado e revelava que era ele imitando aquele som, e a gente ficava triste.

Igual o nosso Tom Cavalcante, que sabe imitar um bêbado que faz imitações, sabe imitar um porteiro que faz imitações. E até se ele estiver bêbado ele sabe imitar um bêbado que faz imitações. Mas todo mundo sabe que o problema do Tom Cavalcante não é alcoolismo, é um problema que a medicina ainda não sabe o que é. Agora, uma mulher que fica nua e depois tira a pele num zíper? Isso a medicina já chegou a um consenso de que é coisa de alienígena. Não tem como cair nessa. Eu, na primeira vez que assisti ao filme, quando vi a mulher no barco junto com o delegado do Rambo, já saquei na hora que eles eram alienígenas. Aliás, esse delegado do Rambo eu já sabia que ele era alienígena desde a época do filme do Rambo.

Apesar da aparência às vezes dócil, a maioria dos alienígenas vem pra Terra com o intuito de exterminar a raça humana. No início, eles até querem paquerar, mas, quando você pressiona pra ter um relacionamento mais sério, eles te matam. Igual às abelhas quando fazem amor. A vida amorosa do Mahoney é muito triste.

COCOON
(COCOON)
Comédia, drama, ficção científica
1985
Diretor: Ron Howard
Com: Don Ameche, Wilford Brimley, Hume Cronyn
Duração: 1h57

75.

Moonwalker

Michael, Michael, eles não ligam pra este filme

por **Julinho da Van**

Assim como o Rogerinho, eu sou contra falar de filme de música neste livro, mas preciso abrir uma exceção porque *Moonwalker* é filme de música com Transformers. É a origem do Transformer! Quem já teve a felicidade de assistir a esse filme sabe da cena que eu tô falando: Michael tá encurralado, começa a tremer todo, e de repente vira um carro. Blindado! Ou talvez ele era originalmente um carro e tava transformado em Michael Jackson esse tempo todo, e só deu uma destransformada rápida pra não perder a prática, não sei direito. Também não sou especialista.

Seja o que for, essa cena já rendia um Oscar de melhor ator. Nunca vi o Al Pacino se transformando em carro. E quando o Michael sai acelerando pelas ruas, deixando tudo pra trás e fugindo de todos os problemas, o mundo está vendo pela primeira vez um carro com sentimento. E isso é bonito demais.

Nesse verdadeiro videoclipe longa-metragem, que infelizmente ninguém viu porque só passava no sempre injustiçado *Cinema em casa*, do SBT, além do Michael virar carro e do carro virar Michael, a ação não para por aí: ele também vira coelho motoqueiro, vira criança de gangue depredando patrimônio público, vira gângster metralhando janela pra impressionar o mulherio, vira ele mesmo de camisa rasgada e chega uma hora que até o seu próprio rosto vai virando várias coisas também, não necessariamente de propósito.

Tanto que o continuísta Marlon Jackson tinha que interromper a gravação sempre que o rostinho do irmão não dava continuidade com a cena anterior. Quando isso acontecia, o Michael tinha que voltar pro trailer de ouro dele e dar uma corrigida com o maquiador, que fazia uma cirurgia plástica rápida pra ele poder voltar pra cena, o que acabou atrasando um pouco as gravações. Por causa disso, algumas crianças do elenco tiveram que ser substituídas, porque acabaram entrando na puberdade.

Em *Moonwalker*, Michael não tinha limites. Pra fazer o vilão, ele contratou o Joe Pesci, que apareceu no set com um coque samurai achando que ia apavorar. E você acha que o Michael Jackson ia ter medo de um careca de coque samurai? Michael Jackson não tinha medo de ninguém! Só do pai, que batia nele quando ele era criança. E foi nessa de chutar o balde que o Michael comprou 600 aranhas-caranguejeiras pra usar numa única cena e depois jogou tudo fora numa reserva indígena. Mas depois ele percebeu o erro e, alguns anos mais tarde, se desculpou gravando um videoclipe denunciando o desmatamento das florestas.* O que importa é que as inovações trazidas por Michael neste filme são usadas até hoje no cinema: o metal líquido de *Exterminador do futuro II*, as transformações de lobisomem das novelas da Record, e o chroma key do *Programa livre* do Serginho Groisman, só pra citar algumas. Isso sem falar da abertura do *Vídeo Show*, que aí é covardia.

Michael também contribuiu muito com a música brasileira quando gravou o clipe de "Michael, eles não ligam pra gente!" em Salvador. Se não fosse por ele, o Galvão Bueno nunca teria feito link ao vivo no Pelourinho pra mostrar a galera do Olodum em tantas Copas do Mundo. O Brasil deve isso ao Michael. Mas ele já morreu, então a gente não precisa pagar. Contrair uma dívida

---

* O que também pegou meio mal, porque ele teve que desmatar uma outra reserva indígena pra gravar as cenas de desmatamento do clipe.

com alguém que posteriormente venha a óbito antes de te cobrar é uma das maiores alegrias que você pode ter na vida. E o Brasil deve essa alegria ao Michael também. Mas, vou repetir, não precisa pagar, pode ficar tranquilo.

Moonwalker não foi um sucesso de público nem de crítica, e o jogo de Master System baseado no filme era impossível de zerar. Mas ele cumpriu sua função principal, que era ofuscar o filme do Prince, outro artista que brilhou muito no *Cinema em casa* com *Purple Rain*. Pra quem não sabe, o Prince foi um grande compositor, dançarino, cantor e multi-instrumentista, mas não era o Michael Jackson, como muitos pensam.

MOONWALKER
(MOONWALKER)
Comédia, drama, videoclipe
1988
Diretor: Jerry Kramer, Colin Chilvers
Com: Michael Jackson, Joe Pesci, filho do John Lennon
e outros atores que ele contratou
Duração: 1h33

76.
Eu, Christiane F., 13 anos, drogada e prostituída

O jovem na Alemanha é levado a sério

por **Renan**

Filme com nome de pessoa é uma completa falta de criatividade. Tinha que pelo menos colocar um adjetivo depois, tipo a "A Christiane F. Maluquinha". Falta visão de marketing. Mas talvez o nome dela seja Christiane F. porque já tinha outra menina drogada chamada Christiane na turminha dela. Se fosse no Brasil, ela seria a Christianinha Capixaba, ou Christianinha Pernambucana.

Mas vamos ao filme. O jovem que não estuda tem muito tempo livre e acaba se envolvendo com outros jovens, e o filme denuncia esse perigo. Se a gente não prestar atenção, eles acabam roubando nossas televisões quando estamos dormindo, principalmente as de 29 polegadas, que no mercado são muito valorizadas.

Fica pra todo o mundo o exemplo da Alemanha, que combateu esse mal pela raiz, acabando completamente com o jovem. Tem que fazer um filme desse no Brasil também e exibir em todas as escolas, igrejas e co-workings.

 A iniciativa do governo alemão de fazer esse filme foi devido à grave situação do vício na

época. Tanto que, em vez de fazerem uma propaganda antidrogas de trinta segundos, já fizeram logo um filme de duas horas pra família toda assistir. Eu sou pai de família e sei que tudo começa em casa, quando o pai oferece uma Smirnoff Ice pro filho. Depois ele já tá na rua fumando cigarrinho com os amigos dele. Eles pensam que eu não sei. O Renanzinho eu nunca vi fumando, mas na dúvida eu já encho ele de adesivo de nicotina quando ele tá dormindo, pra já acordar livre do vício. Tem funcionado.

EU, CHRISTIANE F., 13 ANOS, DROGADA E PROSTITUÍDA
(CHRISTIANE F. — WIR KINDER VOM BAHNHOF ZOO)
Campanha antidrogas
1984
Diretor: Uli Edel
Com: Natja Brunckhorst, Eberhard Auriga, Peggy Bussieck
Duração: 2h18

77.

Footloose – Ritmo louco

Uma pacata cidade americana
violentada pela música

por **Rogerinho do Ingá**

Nem todo filme é real. Isso é importante ser dito aqui. Porque, se esse filme *Footloose* fosse real, os atores certamente teriam ficado birutas devido à quantidade de música que toca nesse filme. Os atores têm que dançar o filme inteirinho, e daí tome música na cabeça!

Maurílio tá dizendo aqui que "nos filmes, os atores dançam sem o som, pra não atrapalhar a captação de som do filme". Isso é talvez a coisa mais idiota que eu já ouvi em toda a minha vida e tenho vergonha de ter escrito isso aqui. Só não vou apagar porque, no caso desse filme, só uma coisa idiota dessa explica o fato de ninguém ter ficado maluco depois. Se bem que, após esse filme, o Kevin Bacon fez o filme dos vermes malditos, o que pode ser uma prova de quanto a música destrói a mente da pessoa, e um dia a sociedade vai entender isso.

Footloose, que em inglês significa "perdidos pelos pés", é uma denúncia, um drama, sobre como uma cidade do interior dos Estados Unidos, pacata, feliz, cheia de arma, bebida e carro, tudo dando certo, se transforma num inferno com a chegada de um forasteiro – o jovem Kevin Bacon – totalmente viciado em música! É muito triste. Até esse idiota chegar, todos os adolescentes podiam beber dirigindo, podiam passar de um carro pro outro em movimento, podiam promover rachas de trator, jogar caminhão pra

224

fora da pista, só coisa boa! E melhor ainda: tudo menor de idade, quando você pode fazer as coisas sem consequência.

E o Kevin Bacon chega como? De bicicleta, e ainda é daquelas de pneu fino e guidão de chifre – a bicicleta perfeita pra tu cair e culpar algum profissional – e, se não bastasse isso, chegou trazendo a música pra cidade! Ele quer dançar? Vai morar em Guriri! Lá tem até carnaval de rua. Agora, fazer isso numa cidadezinha linda dos Estados Unidos? Errado! Lá é paz, lá é silêncio! E quem atrapalhar, eles metralham. Pena que o filme não mostra esse hábito de metralhar os outros. E por isso vai de mal a pior.

A música vai se infiltrando na cidade devagar, no rádio de pilha, na dança no trigo, no caça-níquel com disco dentro e ninguém vê. O padre ainda tenta impedir, mas, como é careca, ninguém respeita ele. E a juventude que não tem conhecimento vai caindo no cabelinho arrepiado do Bacon.

No final não sobra ninguém, termina o filme com um videoclipe de todo mundo completamente dopado, dançando freneticamente na festa de formatura. Revoltante!

FOOTLOOSE – RITMO LOUCO
(FOOTLOOSE)
Drama, música, romance
1984
Diretor: Herbert Ross
Com: Kevin Bacon, Lori Singer, John Lithgow
Duração: 1h47

78.

Solaris

Um filme nacional, só que russo

por **Maurílio dos Anjos**

Pra quem acha que *2001* tem muita ação, minha sugestão é *Solaris*, de Andrei Tarkovsky (pronuncia-se "tchaicóvski"). Bom pra assistir em uma reta longa. É a história de um astronauta deprimido porque ficou em segundo lugar no concurso de astronautas e por isso não foi chamado pra ir ao espaço. Mas tudo muda quando, de repente, ele é chamado pra ir ao espaço. O nome disso é plot twist, que é quando acontece uma coisa e depois acontece outra diferente. Mas todo mundo sabe que na vida não é assim. Na vida acontece sempre a mesma coisa. Chegando lá, ele percebe que o espaço está emanando uma energia estranha, que aos poucos deixa todos mentalmente transtornados. Parecido com o que acontece quando você chega à cidade de São Paulo.

Como se isso não bastasse, o astronauta ainda reencontra a esposa, que ele achou que tivesse morrido. Ela forjou a própria morte pra ir ao espaço no lugar dele! Aí a gente descobre que a moral do filme é que, por mais que a tecnologia avance, ainda seremos traídos pelas pessoas que amamos e passaremos o resto da vida remoendo memórias manchadas de dor e mágoa.

Em 2002, o George Clooney fez um remake um pouco mais pra cima. Porque, como diria Rogerinho, "o americano tem que ser feliz, senão ele fica maluco". Por exemplo, em Hollywood, *O encouraçado Potemkin* virou *O cruzeiro das loucas*, *Ladrões de bicicleta* virou *E.T. – O extraterrestre*, e *O gabinete do Dr. Caligari* virou *Ace Ventura 2 – Um maluco na África*. Mas prefiro a versão original, mesmo que eu ainda não tenha terminado de assistir. Tenho certeza que no fim fica tudo bem.

Dizem que, antes de morrer, a vida passa diante dos nossos olhos como se fosse um filme. Quero que a minha passe como se fosse *Solaris*, pra demorar bastante e ser falada em russo, que é uma língua mais adequada a todos os xingamentos e às ameaças de morte que recebi. Mas nesta grande videolocadora à beira da falência chamada destino não dá pra escolher. É provável que a minha vida passe diante dos meus olhos como em um filme do Didi: parcialmente financiada pelo Gugu Liberato e com participação especial do KLB. Não estaria muito longe da verdade.

SOLARIS
(SOLYARIS)
Drama, mistério, ficção científica
1971
Diretor: Andrei Tarkovsky
Com: Natalya Bondarchuk, Donatas Banionis, Jüri Järvet
Duração: 2h47

79.

O fabuloso destino de Amélie Poulain

O perigo de sonhar

por **Renan**

História de uma moça que acaba se apaixonando, uma das coisas mais perigosas que pode acontecer com alguém, porque depois é uma trabalheira com papelada pra separar. Mas meu maior medo aqui era sair *O fabuloso destino de Amélie Poulain 2 – aventura em dose dupla*, o que felizmente não ocorreu e, dentro de alguns anos, esse filme terá finalmente sido esquecido, pois seu fiel público já terá vindo a óbito.

 Nota-se no filme uma pouca quantidade de carros e a abundância de bicicletas, e por isso o filme é lento e sem muita emoção. A França é um país antigo, e antigamente as ruas eram estreitas, porque o único meio de transporte era o cavalo. O erro é não projetar as ruas pensando no futuro, até porque animal entra em extinção rápido, ao contrário do carro.

O FABULOSO DESTINO DE AMÉLIE POULAIN
(LE FABULEUX DESTIN D'AMÉLIE POULAIN)
Comédia, romance
2001
Diretor: Jean-Pierre Jeunet
Com: Audrey Tautou, Mathieu Kassovitz, Rufus
Duração: 2h02

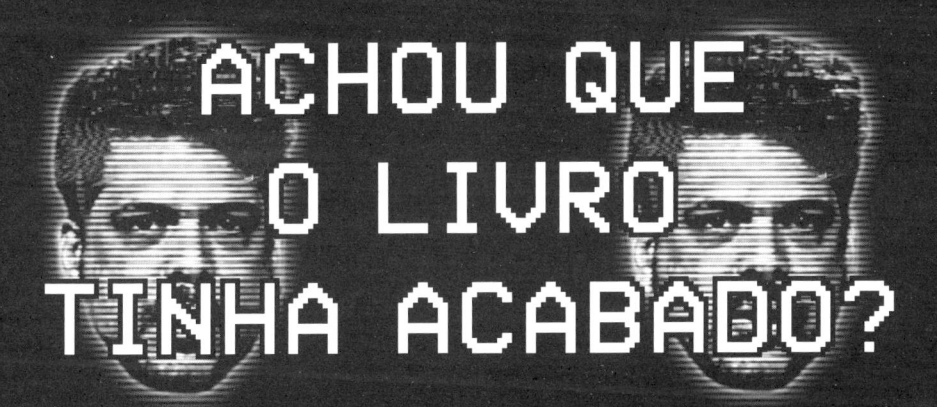

ACHOU QUE
O LIVRO
TINHA ACABADO?

Glossário Fundamental do Cinema Mundial

— por —

Maurílio dos Anjos

AÇÃO Gênero cinematográfico que despreza completamente a história focando mais na violência gratuita, resultando em boas histórias.

ALFRED HITCHCOCK Figurante mais famoso da história do cinema.

ANDROIDE Robô pagando de humano.

APOCALIPSE Fim do mundo bíblico que acabou não acontecendo nos tempos bíblicos, decepcionando muita gente.

ASSISTENTE DE DIREÇÃO Repassador de esporro.

ATOR Adulto infantilizado ou criança obrigada a se comportar como adulto que precisa ser buscado em casa, alimentado, vestido e levado de volta pra casa graças aos profissionais do transporte.

ATOR MIRIM Idem, só que sem acesso à própria conta bancária, que está em posse dos pais.

AUSTRÁLIA Ilha cheia de cangurus e jacarés que não dá pra saber se é no passado pré-histórico ou se é no futuro apocalíptico.

CÂMERA SUBJETIVA Artifício utilizado quando o ator some

no dia da gravação e colocam o cinegrafista pra atuar no lugar dele, fingindo que a visão da câmera é a visão do ator desaparecido.

CATERING Responsável pela alimentação no set, sempre com um cardápio que tenta agradar a todos, mas que não agrada ninguém.

CENA Unidade de tempo e espaço onde acontece algo pra explicar pra alguém alguma coisa.

CENOGRAFIA Vários objetos que ficam no fundo da cena pra fingir que os atores não estão no Projac.

CIBORGUE Humano pagando de robô.

CINEMA AMERICANO Um comercial de Pepsi com duas horas de duração.

CINEMA BRASILEIRO Filmes muito apoiados e pouco assistidos.

CINEMA IRANIANO Cinema francês feito no Irã.

CLAQUETE Pedaço de madeira que serve pra lembrar pra equipe o nome do filme que estão fazendo.

CLICHÊ Recurso que todo mundo fala mal e depois acaba usando porque funciona.

CLÍMAX Momento surpreendente do filme em que ocorre o que todo mundo já sabia que ia acontecer.

CONFLITO Quando o ator acende um baseado e queima o banco da sua kombi.

CONTINUÍSTA Profissional responsável por cuidar de detalhes importantíssimos que ninguém se importa.

CRÉDITOS Relação dos profissionais que participaram do filme, normalmente aparece no final da película, seguindo a ordem de quem menos trabalhou.

CURTA-METRAGEM Filme curto que parece ser longo.

DESENHO DE SOM Conjunto de barulhos executados exclusivamente pelo Carlinhos Brown. Não confundir com desenho de luz (raio laser).

DIÁLOGO Recurso utilizado pelos roteiristas pra explicar tudo o que eles não conseguiram explicar de outra forma melhor.

DIEGESE Não sei o que isso significa.

DIRETOR A principal função do diretor é não atrapalhar os outros profissionais que sabem o que estão fazendo.

DIRETOR DE ARTE
Profissional com conhecimento nas áreas de artes plásticas, construção civil e feng shui com extremo bom gosto. Ou não.

DIRETOR DE FOTOGRAFIA
A função do diretor de fotografia é ficar sentado em frente ao monitor e guiar as pessoas que mexem nas luzes, tipo um flanelinha da iluminação.

DOGMA 95 Adolescentes dinamarqueses que quebraram várias regras do fazer cinematográfico, criando novas regras enquanto faziam filmes com a mesada dos pais.

DRONE Equipamento responsável por conseguir ângulos nunca antes utilizados por não servirem pra nada.

EDIÇÃO Momento em que são jogadas fora todas as cenas que deram errado, e o diretor chora.

ENQUADRAMENTO
Posicionamento do objeto filmado no quadro com o objetivo de esconder a fiação elétrica e o técnico de som.

ENREDO Conjunto de paradas que rolam num filme.

EPÍLOGO Parte do filme da Marvel que começa depois do final pra explicar o que não deu pra entender durante o filme.

FEDERICO FELLINI
Famoso diretor de pornochanchadas italianas.

FIGURINISTA Profissional que veste os atores e constantemente é assediada por idosos que não têm maturidade pra serem vestidos nem conseguem se vestir sozinhos.

FILME ESPÍRITA Filme nos quais todos os personagens morrem, mas mesmo assim o filme continua.

FLASH BACK Momento em que param o filme pra explicar por que o Bruce Willis está com sede de vingança.

FRANCISCO CUOCO Ator velho.

FRANQUIA A arte de fazer várias vezes uma coisa que deu certo até ela dar errado.

GLAUBER ROCHA Diretor genial de filmes ruins.

GLOSSÁRIO Texto que explica outros textos, geralmente vem no final do livro com o intuito de alcançar o número mínimo de páginas exigido pela editora.

ILHA DE EDIÇÃO Cativeiro gelado onde o profissional da edição é mantido sequestrado até entregar o filme pronto. Ao contrário do que muitos pensam (Julinho), não é uma ilha de verdade.

JUMP CUT Do inglês "pequeno pulo" ou "pulinho". É quando a ilha de edição trava e fica um pulo no plano, então o editor deixa assim porque o prazo acabou e depois ele ganha um prêmio de inovação de linguagem.

LEI DE INCENTIVO À CULTURA Conjunto de leis que mantém o cinema brasileiro vivo, mesmo ligado a aparelhos. Mas no final dá tudo errado, e o filme tem que ser financiado pelo Gugu.

LEITURA DE ROTEIRO O primeiro grande teste de atuação onde o ator precisa fingir que sabe ler.

LENTE Bagulho de vidro que vale mais que uma kombi. Evite quebrá-lo.

MAQUIAGEM Artifício utilizado pra que atores pareçam mais jovens, o que torna mais evidente que eles são velhos.

MATHEUS NACHTERGAELE Ator que se entrega demais.

MEMÓRIA EMOTIVA Carga dramática que o ator leva pra cena quando lembra que é um mau filho e não telefona pra mãe faz quatro anos.

MOTORISTA DE VAN Espinha dorsal do cinema, é o profissional responsável por fazer todos estarem nos lugares certos na hora certa e ainda levá-los pra lugares errados na hora errada.

NOUVELLE VAGUE Epidemia disseminada na França dos nos 60 e 70 que matou a carreira de muitos cineastas.

NUNO LEAL MAIA Ator jovem.

ORDEM DO DIA E-mail que chega de madrugada informando que a equipe precisa parar de beber porque vai começar a filmar daqui a pouco.

PAUSA DRAMÁTICA Enrolada que um ator dá quando esquece a próxima fala.

PERSONAGEM O que os atores são fora de cena.

PLANO-SEQUÊNCIA Take gravado mais de vinte vezes pra não ficar uma bosta, mas sempre fica uma bosta, só que as pessoas não admitem porque estão cansadas demais.

PORNOCHANCHADA Filmes brasileiros que misturavam comédia e erotismo e não eram engraçados nem excitantes.

PRODUÇÃO Conjunto de profissionais que trabalham pra resolver os problemas da produção.

PRODUTOR Profissional que grita com motoristas de van.

PÚBLICO Conjunto de pessoas que supostamente não entendem nada e potencialmente se ofendem com tudo.

QUENTIN TARANTINO Inventor da conversa em lanchonete no cinema, amplamente utilizada em *Malhação*.

RODRIGO SANTORO Ator que se entrega mais que o Matheus. Pra fazer uma breve aparição como surfista mudo em *As panteras – Detonando*, passou um ano surfando sem falar uma palavra.

ROTEIRISTA Profissional angustiado que busca expressar o seu "EU" através de textos que serão modificados pelas pessoas que colocaram dinheiro no filme.

SERGEI EISENSTEIN Diretor vanguardista que fez o caminho inverso da maioria dos diretores. Primeiro foi um grande cineasta, depois virou um pequeno publicitário.

SPOILER Bruce Willis estava morto o tempo inteiro em *O sexto sentido*.

STAR SYSTEM Sistema em que o elenco se torna o maior chamariz de público no cinema, resultando numa relação doentia entre elenco e produtores em que no início um acha que vai tirar vantagem sobre o outro, mas no final os dois lados acabam sendo usados, e o filme tem que ser financiado pelo Gugu.

STEADYCAM Artifício que corrige o tremor das mãos do cinegrafista alcoólatra.

SUBWOOFER Termo de origem inglesa.

TÉCNICO DE SOM Profissional que manda todo mundo – e não apenas o motorista – calar a boca.

TENSÃO DRAMÁTICA Do inglês *dramatic tension*. Trata-se do momento na dramaturgia em que os atores caem na porrada no camarim pra ver quem vai ser maquiado primeiro.

TESTE DE ELENCO O vôlei na casa do Wolf Maya é um tipo de teste de elenco.

TRILHA SONORA Músicas utilizadas pelo diretor pra evocar determinados sentimentos nos filmes. Como por exemplo, "What a Wonderful World" (esperança), "Born to be Wild" (rebeldia), música do *Titanic* (*Titanic* afundando), qualquer uma do Capital Inicial (conscientização política).

VANGUARDA CINEMATOGRÁFICA Artista comum insistindo no clichê de ser inovador. Quando esse tipo de filme dá errado, eles fazem outro, financiado pelo Gugu.

VOICE OVER Quando o Wagner Moura explica o filme pra você.

ZOOM CÂMERA MALUCA Muito utilizado no programa do falecido Gugu.

Recado Final

Um livro pra quem lê
pra não ter que ver filme

— *por* —

Renan

Primeiramente um alerta! Este é o recado final, uma parte importantíssima do livro, portanto é fundamental que seja lido por último, pra que não haja risco de você acabar lendo depois outra parte do livro, sendo que o recado final tem que ser final e ele foi concedido a mim.

Segundamente, gostaria de agradecer a todos que chegaram até aqui. A gente fez o livro com muito carinho justamente pra vocês não terem que ficar por aí vendo filme. Os 79 filmes dariam 160 horas de duração, e agora em apenas duas horas de leitura você já entendeu e se emocionou com essa lindíssima compilação do cinema mundial.

Alguns clássicos ficaram de fora, é verdade. Outro dia mesmo peguei um transporte prum showzinho da carreira solo do Frejat. Como o trajeto era longo e tinha muito sinal, aproveitei no caminho pra rever todos os seis Rocky, além do Creed. Tem alguns sinais que você tem que respeitar, eu tenho esse critério. Mas me chamou atenção como continuam atuais as histórias do Rocky! O soco na cara é uma linguagem que nunca envelhece. Só me aflige um pouco como ele fica todo deformado tão rápido, ele deve ter alguma alergia a soco. Renanzinho tem alergia a frutos do mar, mas só fui descobrir um dia na praia que ele saiu entrando na água sozinho e sumiu! Sorte que um pescador pegou ele sem querer na rede, mas aí ele já tava todo empolado, irreconhecível. Eu tive inclusive que comprar ele a quilo do pescador, que não acreditava de jeito nenhum que era meu filho. Ele tem alergia aos Thundercats também, porque uma vez engoliu o Panthro e passou mal. Talvez ele tenha engolido outro Thundercat no fundo do mar.

Mas infelizmente não consegui rever todos os Rocky até o fim, já que acabei precisando tacar fogo na van pra resolver um problema de mau cheiro, e o fogo atingiu acidentalmente a moto de um dos músicos. Houve uma revolta geral, e tive que fugir de volta. Como são queridos esses músicos! Na minha opinião, porém, irresponsabilidade do rapaz que estacionou perto de onde eu queria tacar fogo.

Então é isso. E se você ganhou este livro de presente de Natal, espero que seja muito mais que um troféu na sua estante. Que sirva pra unir os parentes nessa data, especialmente em tempos nos quais há tanta gente brigando na rua, quando Natal é época de estar brigando em casa com a família. Muito obrigado e até a próxima.

INFORMAÇÃO QUE EU TROUXE AQUI PRO LIVRO.

Desenhos   RENANZINHO

Vinhetas   SIMONE DOS PRAZERES

Fontes   AKI LINES
          ITC BENGUIAT
          BENGUIAT CHARISMA
          ITC BUSORAMA
          HOUSE 3009 SOLARSPACE
          MARVIN
          ITC RONDA
          ITC SERIF GOTHIC
          SUISSE INT'L
          SUISSE WORKS
          VCR OSD MONO

Papel   OFFSET 90g/m²

Impressão   LIS GRÁFICA